AF455804

ÉCOLE DU GÉNIE CIVIL

pour l'Industrie, la Marine, l'Armée, les Administrations et les Grandes Écoles

COURS SUR PLACE ET PAR CORRESPONDANCE

Directeur : M. J. GALOPIN, Ingénieur
152, Avenue de Wagram, PARIS (XVIIe)

NOTIONS
SUR
L'INSTRUCTION CRIMINELLE

Professeur : M. CARREAU, Avocat

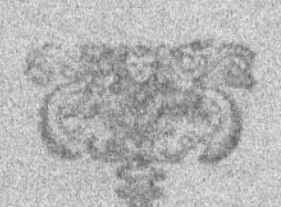

ÉDITION ET PROPRIÉTÉ DE L'ÉCOLE DU GÉNIE CIVIL

EXAMENS SPÉCIAUX

Auxquels prépare par correspondance **l'École du Génie Civil**

Ecoles Spéciales et Examens Particuliers

L'École prépare à toutes les Écoles spéciales suivantes : Écoles de Navigation, Écoles d'Arts et Métiers, Écoles des Mécaniciens de Brest, Toulon et Lorient, Instituts techniques spéciaux, École supérieure d'Électricité, École supérieure d'Aéronautique, École Centrale, École de Physique et Chimie, etc.

Préparations spéciales à tous les examens des Douanes, des Postes, des Ministères, des Chemins de fer, Préparation spéciale aux Brevets simple, supérieur de l'Enseignement primaire, ainsi qu'aux divers Baccalauréats, Certificats, Licences.

Industrie

Préparation à tous les grades (Contremaîtres, Conducteurs, Sous-Ingénieurs et Ingénieurs), pour la Mécanique, l'Électricité, les Mines, les Travaux Publics, etc.

Mécaniciens pour Usines et Ateliers ; Électriciens. — Chefs mécaniciens. — Conducteurs électriciens. Ingénieurs et Dessinateurs industriels. — Contremaîtres et Chefs d'ateliers. — Ingénieurs et Sous-Ingénieurs.

Cours spéciaux de Contremaîtres, Dessinateurs et Ingénieurs des Constructions navales.

Marine de Guerre

Matelot élève mécanicien ; Quartier-maître mécanicien ; Brevet élémentaire de mécanicien ; Cours du brevet supérieur de mécanicien-électricien, etc. ; Admission au cours des élèves officiers (machine et pont) ; Examen direct pour le grade de mécanicien principal ; Examen de quartier-maître préparatoire à l'examen d'élève officier de vaisseau ; Obtention du grade d'officier électricien et d'officier des autres spécialités ; Écoles techniques élémentaire et supérieure des arsenaux ; Commis de la marine ; Commissaires et Administrateurs de l'Inscription maritime ; Écoles navale et du Génie maritime ; Ingénieurs d'Artillerie navale ; Agents et Officiers des Travaux hydrauliques.

Marine de Commerce

Brevets de capitaines au Bornage, au Cabotage et au Long Cours ; Brevet pratique de mécanicien pour machines à vapeur ; Brevet pratique de mécanicien pour autres moteurs ; Brevet d'officier mécanicien de 2e classe ; Brevet d'officier mécanicien de 1re classe ; Brevet d'élève officier mécanicien ; Emplois d'électriciens dans les grandes Compagnies ; Emplois d'élèves mécaniciens.

Armée

Officiers du service aéronautique. — Officiers mécaniciens. — Saint-Maixent. — Vincennes. — Saumur. — Versailles. — Dessinateurs de l'Armée. — Aspirants de toutes armes. — Saint-Cyr. — Polytechnique, etc.

Administrations

Adjoints techniques, Dessinateurs et Mécaniciens des Ponts et Chaussées. — Agents et Sous-Agents techniques des Poudres et Salpêtres. — Mécaniciens électriciens, Dessinateurs de la voie et de la traction, Piqueurs, Emplois divers des Chemins de fer. — Mécaniciens et dessinateurs des Postes et Télégraphes. — Mécaniciens et Dessinateurs des Manufactures de Tabacs. — Dessinateurs et calqueurs du Ministère de la Guerre, etc.

Préparations Spéciales

Outre sa préparation aux examens ou carrières précités, l'École se tient à la disposition de toutes les personnes n'ayant qu'une ou plusieurs parties à approfondir pour leur faire sur les matières qui les concernent (en tant que celles-ci sont du ressort de ce qu'enseigne l'École) des préparations spéciales à des prix extrêmement avantageux.

En particulier elle a des préparations très suivies de T. S. F., Automobile, Aviation, Langues vivantes, etc.

Elle prépare également à tous les emplois réservés aux anciens sous-officiers.

Cours de Vacances, Cours du Soir, du Dimanche matin, Leçons Particulières

Des cours spéciaux sont organisés à toute époque et pour toutes les matières de nos programmes.

Les cours les plus suivis sont ceux de Mathématiques, Dessins et Croquis industriels appropriés à toutes les spécialités, cours démonstratifs sur les pièces elles-mêmes des différentes branches techniques.

ÉCOLE DU GÉNIE CIVIL

pour l'Industrie, la Marine, l'Armée, les Administrations et les Grandes Écoles

COURS SUR PLACE ET PAR CORRESPONDANCE

Directeur : M. J. GALOPIN, Ingénieur

152, Avenue de Wagram, PARIS (XVIIe)

NOTIONS

SUR

L'INSTRUCTION CRIMINELLE

Professeur : M. CARREAU, Avocat

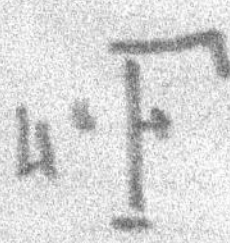

ÉDITION ET PROPRIÉTÉ DE L'ÉCOLE DU GÉNIE CIVIL

ÉCOLE DU GÉNIE CIVIL

Cours sur Place et par Correspondance

NOTIONS

SUR

L'INSTRUCTION CRIMINELLE

INTRODUCTION ET HISTORIQUE

Les lois de procédure pénale se rapportent à la recherche des infractions et des individus qui les ont commises; elles réglementent les poursuites, les méthodes d'instruction, les décisions qui interviennent au profit ou au détriment des prévenus; elles fixent enfin les recours dont les jugements rendus sont susceptibles.

Ces divers points vont être successivement examinés au cours de la présente étude.

Les recherches des infractions et des individus qui les ont commises sont confiées *à des officiers de police judiciaire*; nous aurons donc, dans un premier chapitre, à étudier les diverses catégories d'officiers de police judiciaire et les règles qui leur sont communes.

Les lois de procédure réglementent les poursuites, qui peuvent être de deux sortes : *poursuite répressive*, qui s'effectue par une action qui appartient à la Société, appelée pour cela *l'action publique* ; *poursuite civile*, exercée par celui qui a subi un préjudice du fait de l'infraction, désignée sous le nom *d'action civile*.

L'action publique et l'action civile feront l'objet des deuxième et troisième chapitres.

Dans un quatrième chapitre, nous examinerons les diverses méthodes d'instruction, tant en ce qui concerne *les délits non flagrants* que *les délits flagrants*, les *attributions du Juge d'instruction*, la *composition et les attributions de la Chambre des mises en accusation*.

Suivant toujours le même programme, nous étudierons, dans un cinquième chapitre, les décisions qui interviennent (jugements et arrêts), ainsi que les Tribunaux et Cours qui les rendent ; *Tribunaux de simple police, Tribunaux correctionnels, Cours d'assises*.

Enfin, dans un sixième et dernier chapitre, nous donnons les divers recours dont sont susceptibles les décisions rendues.

Mais, auparavant, nous allons faire un rapide historique de la procédure criminelle française, historique que nous diviserons en trois parties :

I. *Procédure criminelle sous l'ancien Régime ;*

II. *Procédure criminelle de la Révolution ;*

III. Et enfin régime résultant de la promulgation du Code d'instruction criminelle et ses principales modifications.

I. — Procédure criminelle de l'ancien Régime

A l'époque barbare, les peuples de race germanique ont conservé leur organisation populaire.

La justice est rendue par le chef (rex, princeps, dux, etc.) avec le concours des hommes libres de la tribu.

Dans la période féodale et au cours du Moyen-âge, la justice est, en quelque sorte, diluée. Elle est partout, dans la famille, à l'école, au palais du Roi, dans les Municipalités, auprès du chef féodal, d'où luttes et conflits entre les diverses juridictions, les unes laïques, les autres ecclésiastiques.

1° Juridictions laïques. — Elles sont seigneuriales, royales et municipales.

La juridiction seigneuriale est celle du seigneur dans ses fiefs et domaines.

La juridiction royale, au début de la féodalité, ne s'exerçait que sur les fiefs du domaine royal. Par la suite, avec l'extension du pouvoir du Roi, la juridiction fut confiée à des prévôts, baillis et sénéchaux.

Les juridictions royales comprenaient aussi le Parlement, issu de la Cour du Roi, et la Cour des Pairs. Pendant longtemps, la Royauté n'eut qu'un Parlement, celui de Paris. Les parlements de province apparaissent du XIVe au XVIIIe siècle.

Enfin il y avait les justices municipales. Les bourgeois des villes de commune et des villes d'échevinage poursuivis en matière criminelle devaient être jugés par leurs justices municipales, c'est-à-dire par leurs pairs.

Le vice radical de ces juridictions, c'était la réunion, dans les mêmes mains, du pouvoir administratif et du pouvoir judiciaire.

2° Juridictions ecclésiastiques. — Les « Cours de chrétienté » comme on les appelait, avaient une double compétence, *personnelle* et *réelle*. Les privilèges de clergé, qui embrassaient tous les degrés du clergé régulier et tous ceux du clergé séculier jusqu'aux chantres, donnaient à ceux qui pouvaient les invoquer, le droit d'être jugés par les tribunaux ecclésiastiques. A ces juridictions appartenait également la connaissance de certains crimes commis par toutes personnes, par exemple des crimes d'hérésie, de sorcellerie, d'adultère ou d'usure. Cependant si, dans tous les cas, ces juridictions jugeaient, elles ne prononçaient pas la condamnation. Elles livraient le coupable au bras séculier qui prononçait la peine et la faisait exécuter.

Le juge était l'évêque. A partir du XIIIe siècle, il délégua ses pouvoirs à un official, d'où le nom d'officialités donné aux juridictions ecclésiastiques. Il existait une hiérarchie savante, de l'official à l'archevêque, de celui-ci au primat, du primat au pape.

Toutes les juridictions que nous venons d'énumérer ont existé jusqu'à la fin du XVIIIe siècle, mais les juridictions royales avaient fini par absorber toutes les autres.

Développement des juridictions royales. — Les juridictions royales se développèrent, comme la Royauté elle-même, en partant de l'idée que le Roi représente l'intérêt public, qu'il a la « garde générale du Royaume » (1).

Les officiers et jurisconsultes de la Couronne concluent que le Roi a un droit de justice éminent dans tout le Royaume. Ils furent ainsi conduits à inventer divers procédés pour diminuer peu à peu la compétence des justices laïques et même des justices ecclésiastiques au profit des justices royales.

En premier lieu, notons l'institution *des cas royaux*, avec sa conséquence pratique : l'appel. Jusque-là les Cours féodales étaient souveraines et il n'y avait que deux voies de recours « pour défaut de droit » (déni de justice) et « l'appel de faux jugements ». Désormais l'appel des justices seigneuriales aux justices royales fut admis.

D'autre part, un droit de prévention est reconnu au Roi sur les autres juridictions.

Divers autres moyens furent aussi employés pour réduire la compétence des tribunaux ecclésiastiques. Les jurisconsultes de la Couronne firent rentrer dans la notion vague et élastique de crime de lèse-majesté et, par conséquent, dans les cas royaux, divers faits qui relevaient auparavant des cours de chrétienté; mais surtout ils affaiblirent par la création de cas dits privilégiés, la portée du privilège de clergie; les clercs devaient être jugés par les juges royaux. La liste de ces cas privilégiés alla toujours en augmentant.

Quant aux juridictions municipales, elles offraient peu de dangers pour la souveraineté royale, car c'était le Roi qui nommait les officiers municipaux.

En étendant leur compétence, les juridictions royales complétèrent leur organisation.

Organisation des juridictions royales. — Au premier degré, on trouvait les prévôts, au second degré, les baillis et sénéchaux. Les baillis déléguèrent leurs pouvoirs aux lieutenants de bailliage. Au *lieutenant criminel* échut le jugement des causes criminelles. Au début, il jugeait seul, puis il fut assisté par des assesseurs (conseillers).

Sous Henri II furent créés les sièges des *présidiaux* (édit de 1551). Dans les principaux bailliages ou sénéchaussées, il devait y avoir un présidial composé de neuf magistrats au moins, y compris les lieutenants généraux.

Dans le Parlement de Paris, on créa une chambre spéciale pour les procès criminels : « Chambre de la Tournelle » (Ordonnance royale du 28 octobre 1446). Elle fut composée de conseillers laïques, choisis dans la Grand'Chambre et siégeant dans la petite tour de la Tournelle.

En outre, les parlements de province se multiplièrent.

Le Parlement de Paris resta, malgré ses transformations, jusqu'aux derniers jours de

(1) *Grand Coutumier*, livre IV, chap. V. Edit. Charondas le Caron, 1598, page 523 : « A généralement parler, il n'y a qu'une justice qui meult de Dieu, dont le Roi a le gouvernement en ce royaume. »

la Royauté, la Cour des Pairs. Tous les Pairs de France avaient le droit d'y prendre séance, et tous ne pouvaient être jugés que par le Parlement.

A côté des tribunaux ordinaires existaient des tribunaux d'exception : prévôt de l'Hôtel des Monnaies, juges de l'amirauté, qui ne connaissaient des causes criminelles qu'autant qu'elles se rapportaient aux matières spéciales pour lesquelles leurs fonctions avaient été créées ; prévôts des maréchaux, juges militaires, qui avaient une compétence criminelle principale.

Phase accusatoire, phase inquisitoire. — L'ancienne procédure criminelle a passé par deux phases, la phase accusatoire et la phase inquisitoire.

A. *Phase accusatoire.* — A l'époque barbare, la procédure criminelle ne se distingue pas de la procédure civile. Au civil comme au criminel, les deux parties se trouvent en présence dans une situation de complète égalité, l'un qui réclame, l'autre qui se défend. C'est le système de l'accusation privée.

L'instruction est publique et orale. L'aveu est la meilleure preuve. Si l'accusé n'avoue pas, il doit apporter la preuve de son innocence : il l'administre par *le serment purgatoire*, serment prêté par lui, accompagné de co-jureurs qui viennent lui donner un certificat de moralité.

Lorsque le juge ne peut fixer sa conviction, que l'accusé nie, que le serment est rejeté, intervient le *Jugement de Dieu*, au moyen des épreuves (ordalies) par l'eau bouillante, le fer rouge, l'eau froide, etc. La pratique des ordalies dura jusqu'en 1641. (*Arrêt* du Parlement du 10 août 1641).

Lorsqu'on ne pouvait découvrir l'auteur d'un assassinat, toutes les personnes soupçonnées devaient toucher le corps de la victime qui, au contact du coupable, devait, croyait-on, laisser échapper quelques gouttes de sang.

Au VIe siècle, si l'on s'en rapporte à Grégoire de Tours, le combat ou duel judiciaire était aussi en usage.

A l'époque féodale, malgré la substitution d'un système de pénalités au système de composition, la procédure criminelle conserve les deux traits caractéristiques déjà signalés :

Droit d'accusation réservé à la partie lésée ;

Identité des formes dans la procédure criminelle et dans la procédure civile.

Le régime des preuves reste le même. Toutefois la féodalité laisse tomber en désuétude le serment purgatoire, les ordalies, donnant la première place au « Jugement de Dieu », précédé par le serment des deux adversaires et décidé par leur duel. Le duel judiciaire est resté en vigueur jusqu'au XVIe siècle.

Dans toutes les procédures primitives, on trouve la distinction élémentaire entre *le flagrant délit* et *le délit non flagrant.*

En cas de flagrant délit, la procédure est sommaire et il n'est pas besoin d'accusation ni d'autres preuves que les témoignages de ceux qui ont appréhendé le malfaiteur. La procédure féodale, en matière de flagrant délit, avait organisé une méthode naïve dans la *clameur de haro* : c'était la poursuite « à cri et haro, à chaude chasse, à chasse et à fuite ».

En cas de délit non flagrant, la partie lésée devait recourir à une plainte, par voie *de citoiement.* Les Tribunaux n'interviennent que pour juger. Le procès s'engage entre l'accusé et l'accusateur qui se porte partie. S'il y avait acquittement, l'accusateur était passible de la peine qu'aurait subi l'accusé, s'il avait été condamné.

Il n'y avait donc pas, en principe, d'accusation publique. Cependant, la justice féodale, en vue principalement de recouvrer les amendes et de procéder aux confiscations, admit la poursuite d'office et créa, à cet effet, des *procureurs fiscaux*. L'accusation directe par la partie lésée subsistait, mais on pouvait aussi faire appel à l'action du magistrat par la *dénonciation.* L'emploi de la dénonciation fut admis, dès son institution, devant le Tribunal de l'Inquisition ; il passa ensuite de la procédure ecclésiastique dans la procédure laïque. Pour éviter que, par des abus, la dénonciation ne tourne à la délation, on faisait prêter au dénonciateur le serment *de calomnia.*

Il pouvait arriver qu'il n'y eut ni accusateur, ni dénonciateur ou plaignant. Innocent III, à la fin du XIIe siècle, organisa la poursuite *ex officio*. La poursuite, avec le développement du pouvoir royal, fut confiée à des procureurs et à des avocats. Le Procureur du Roi intentait les procès dans les cas royaux et, il intervenait dans l'instruction de tous les procès criminels pour sauvegarder les intérêts du fisc royal.

Le corps des Procureurs est l'origine du Ministère public.

La transformation du caractère de la poursuite qui, de privée, devint une poursuite d'office, amena le remplacement des vieux modes de preuve par les enquêtes.

B. *Phase inquisitoire.* — Innocent III, qui avait inauguré la poursuite *ex officio*, institua la procédure *d'inquisitio*, enquête faite par le juge, contradictoirement avec le prévenu, secrètement et par écrit, enquête à la suite de laquelle le juge rendait sa sentence.

La procédure *per inquisitionem* fut rapidement adoptée dans le Midi de la France, mais elle rencontra une vive résistance dans les provinces du Nord. Les nobles conservèrent jusqu'à la fin du XIIIe siècle le droit de ne pas se soumettre à l'enquête et d'avoir recours à l'ancienne procédure d'accusation.

La procédure inquisitoire s'infiltra néanmoins peu à peu dans les juridictions laïques et le système pratiqué, en fait, depuis longtemps, fut codifié dans trois ordonnances royales qui instituèrent les sources législatives de notre ancienne procédure pénale :

Ordonnance de Blois, de Louis XII (mars 1498) ;

Ordonnance de Villers-Cotterets, sous François Ier (août 1535) ;

Ordonnance de Louis XIV (août 1670), ou *Ordonnance criminelle.*

En se basant sur ces divers textes, on peut donner un aperçu de la procédure, qui se divise en trois parties : *Information, récolement et confrontation, jugement.*

L'information a pour but de recueillir les preuves et les premiers éléments du procès.

Cette première instruction terminée, le magistrat instructeur peut avoir recours à la procédure ordinaire ou à la procédure extraordinaire.

La procédure ordinaire, c'est la procédure civile avec publicité de l'audience et la libre défense de l'accusé.

La procédure extraordinaire, est celle où la question est ordonnée, avec le secret de la procédure, la torture et l'absence de conseil : c'est la procédure criminelle inquisitoire.

Avec cette dernière procédure, il peut y avoir *récolement* ou nouvelle audition des témoins et *confrontation* ou mise en présence des accusés, des témoins et des coaccusés.

Une fois les informations, interrogations, récolements et confrontations terminés, le procès était instruit et il passait des mains du juge d'instruction dans celles du rapporteur, chargé d'exposer les résultats de l'instruction. Mais, préalablement, le Procureur du Roi prenait connaissance du dossier et donnait ses conclusions définitives.

Avant le jugement, l'accusé subissait un dernier interrogatoire.

Si aucune preuve certaine et péremptoire n'avait été relevée contre l'accusé, on recourait, pour obtenir un aveu, à *la torture*, désignée sous le nom de *question judiciaire* (question à l'eau, question aux brodequins, etc.). Il y avait la question ordinaire, la question extraordinaire, la question définitive. D'après l'ordonnance de 1670, le prévenu devait être interrogé trois fois : avant, pendant et après la torture.

Le jugement avait lieu sur les pièces d'information. La décision aboutissait à une condamnation, une absolution ou à un « plus ample informé ».

Les sentences n'étaient pas nécessairement motivées.

La caractéristique de cette procédure criminelle est qu'elle était secrète et confiée à des magistrats de profession ; il n'y avait ni public, ni avocat, ni juges tirés des rangs du peuple.

L'ordonnance de 1670 avait établi deux degrés de juridiction. L'appel du jugement comportant des peines afflictives ou infamantes devait toujours être porté au Parlement. Ce principe modéra quelque peu, il faut le reconnaître, l'application de la torture, odieux procédé d'instruction.

II. — Procédure criminelle de la Révolution

L'Assemblée constituante se trouva en présence des deux systèmes opposés qui avaient été appliqués successivement en France : le système accusatoire et le système inquisitoire.

Elle vota, en s'inspirant de la procédure anglaise, quatre lois d'une importance capitale :

1° La loi des 8-9 octobre 1789, qui opéra dans la procédure criminelle la réforme immédiate des abus les plus graves ;

2° La loi des 16-29 septembre 1791 (décret ordonnant la police de sûreté, la justice criminelle et l'établissement des jurés), adapta la procédure à l'institution nouvelle des jurés ;

3° La loi des 25 septembre et 6 octobre 1791, qui établit un système d'incrimination et de pénalités en ce qui concerne les délits les plus graves ;

4° La loi des 19 et 22 septembre 1791 (décret relatif à l'organisation d'une police municipale et d'une police correctionnelle), règle les pénalités et la procédure pour les délits d'un ordre inférieur.

Ce qui frappe le plus dans l'œuvre du législateur de la Constituante, *c'est la séparation complète de la justice civile et de la justice criminelle*.

En matière criminelle, il y a trois sortes de tribunaux : tribunaux de police municipale, tribunaux de police correctionnelle, tribunaux criminels.

La procédure parcourait trois phases.

Tout d'abord, l'*instruction sommaire*, confiée au juge de paix du canton.

Puis la *procédure devant le jury d'accusation* au district. Le directeur du jury était pris tous les six mois parmi les juges du tribunal et il continuait l'instruction commencée par le juge de paix. Un des actes les plus importants était l'interrogatoire du prévenu (instruction du 21 octobre 1791).

Le jury d'accusation était composé de huit jurés. Les témoins étaient entendus ainsi que la partie plaignante (débat à huis-clos). Les jurés répondaient par oui ou par non aux questions posées.

Si l'accusation était maintenue, on entrait dans la troisième phase. L'affaire était portée *devant le tribunal criminel* du département, composé de trois juges et un président et de douze jurés. Le Ministère public était représenté par *un accusateur public* et *un Commissaire du Roi*.

La décision des jurés était sans appel. Un pourvoi en cassation, au délai général de trois jours, était seulement possible, soit de la part du condamné, soit du Commissaire du Roi.

Le système de procédure de l'Assemblée constituante dura peu et fut remplacé bientôt par le Code des délits et des peines du 3 brumaire an IV. Ce Code conserva les principes généraux posés en 1791, mais il fit entrer de plus en plus dans la procédure, comme préliminaire des débats, une *instruction préparatoire*, obligatoire, secrète et écrite, qui devint, par la place que lui donna le législateur, une des instructions les plus caractéristiques de notre droit.

III. — Promulgation du Code d'instruction criminelle et ses principales modifications

Le Code d'instruction criminelle est dû au Gouvernement consulaire ou plutôt à Napoléon.

Une Commission fut chargée de présenter un projet de Code criminel. La discussion du projet commencée le 2 prairial an XII (22 mai 1804) et dura jusqu'au 29 frimaire an XII (20 décembre 1804) ; puis elle fut interrompue pendant quatre ans ; on n'était pas parvenu à se mettre d'accord sur les principes de l'organisation judiciaire et sur le maintien ou l'abolition du Jury.

On ne reprit la discussion que le 8 janvier 1808.

Le projet fut modifié et, au lieu d'un Code unique, on en projeta deux, l'un relatif *aux lois de forme* (*Code d'instruction criminelle*), l'autre consacré *aux lois de fond* (*Code pénal*).

Le projet fut adopté fin 1808. Le Code d'instruction criminelle a été promulgué en neuf lois, du 17 novembre au 16 décembre 1808, et il est entré en vigueur le 1er janvier 1811, en même temps que le Code pénal. Il a subi depuis de nombreuses modifications.

Les unes visent la procédure de jugement :

Lois du 4 mars 1831, du 9 septembre 1835, 28 avril 1832, 19 juin 1881, 5 juin 1895 ou des modifications aux règles de l'appel et du pourvoi en cassation ; lois des 10 juin 1853, 13 juin 1856.

Les autres visent l'instruction préalable : lois des 17 juillet 1856, 14 juillet 1865, 20 mai 1869, 15 novembre 1892.

Enfin, la loi du 8 décembre 1897 a assuré à l'inculpé des garanties sérieuses, en décidant qu'un défenseur pouvait assister à tous ses interrogatoires, en permettant à ce défenseur de prendre connaissance du dossier et de communiquer avec son client, même s'il est au secret.

Qu'a voulu le législateur par cette réforme très importante ?

« Supprimer sur le champ les abus de la procédure secrète, unanimement condamnée » et flétrie par l'opinion » (1).

---

(1) *Discours du Rapporteur*. Sénat, 18 mai 1897.

CHAPITRE PREMIER

LA POLICE JUDICIAIRE : OFFICIERS QUI L'EXERCENT

D'après l'article 8 du Code d'instruction criminelle :

« La police judiciaire recherche les crimes, les délits et les contraventions, en « rassemble les preuves et en livre les auteurs aux Tribunaux chargés de les punir ».

La police judiciaire est exercée par des officiers de police judiciaire dont l'énumération est donnée par l'article 9 du Code. Ils se divisent en officiers *inférieurs*, en officiers *auxiliaires du Procureur de la République*, en officiers *supérieurs* de police judiciaire.

Il convient d'y ajouter, d'après l'article 10, les Préfets des départements et le Préfet de police à Paris, qui peuvent faire fonctions d'officiers de police judiciaire ou requérir les dits officiers à toutes fins nécessaires.

§ 1. — Officiers inférieurs

Ce sont les gardes-champêtres, les gardes-forestiers, les sous-officiers de gendarmerie et les gendarmes.

L'article 16 du Code d'instruction criminelle donne aux gardes-champêtres dans leurs communes respectives, le droit de rechercher les délits et les contraventions de police qui auront porté atteinte aux propriétés rurales, de dresser des procès-verbaux, d'arrêter les délinquants et de les conduire devant le Juge de paix ou le Maire.

Les gardes-champêtres sont également compétents pour certaines infractions prévues par des lois spéciales (délits de pêche, délits de chasse).

Les gardes-forestiers ont des pouvoirs analogues pour constater les contraventions et délits commis contre les propriétés soumises au régime forestier (Code forestier, art. 160).

Les sous-officiers de gendarmerie et les gendarmes ont qualité, dans leur circonscription, pour constater toutes les infractions du droit commun, dresser des procès-verbaux, arrêter les coupables ; ils ont les mêmes pouvoirs pour un certain nombre d'infractions prévues par les lois spéciales (infractions aux lois sur les douanes, sur les postes, sur la chasse, sur la pêche).

Il y a encore, indépendamment de ceux énumérés ci-dessus, des agents spéciaux adjoints à la police judiciaire. Ils font partie d'administrations diverses. On peut citer certains agents des eaux et forêts, certains agents des douanes, des postes, des contributions indirectes, des ponts et chaussées, les inspecteurs du travail.

La compétence de ces derniers agents est évidemment limitée et relative à certaines infractions déterminées, se rapportant directement à leurs fonctions.

§ 2. — Officiers auxiliaires du Procureur de la République

Ce sont les commissaires de police, les maires et leurs adjoints, les agents de la police mobile, les officiers de gendarmerie, les juges de paix.

Tous, dans l'étendue de la communes (maires, adjoints, commissaires de police), du canton (juges de paix), ou de leurs circonscriptions (officiers de gendarmerie), en un mot tous « dans les lieux où ils exercent leurs fonctions habituelles » (art. 48 du Code), ont qualité :

Pour rechercher et constater les crimes et délits.

Pour recevoir les dénonciations et les plaintes.

Pour informer immédiatement le Procureur de la République des crimes et délits.

Pour commencer, en cas de flagrant délit, l'instruction préparatoire.

Il y a lieu d'insister quelque peu sur la compétence des commissaires de police ou des maires et de leurs adjoints en matière de contravention de simple police, dans ce cas, ils n'agissent plus comme auxiliaires du Procureur de la République, ces contraventions ayant paru trop peu importantes au législateur pour que le Procureur ait à s'en occuper.

Ils ont donc une compétence absolue pour toutes les contraventions de simple police, même pour celles qui sont sous la surveillance des gardes-champêtres et des gardes-forestiers (art. 11 à 13 du Code). Le maire et les adjoints au maire n'interviennent que si le commissaire est empêché (art. 14).

§ 3. — Officiers supérieurs

Les officiers supérieurs sont le Procureur de la République et le Juge d'instruction.

a) **Procureur de la République.** — En tant qu'officier de la police judiciaire, les fonctions du Procureur de la République peuvent se résumer aux trois points suivants :

1° *Il a pour mission, dans son arrondissement, de rechercher les crimes et délits ;*

2° *En cas de flagrant délit, il peut non seulement commencer l'instruction, mais au besoin la faire en entier ;*

3° *Il a le pouvoir de poursuivre devant les juridictions répressives, les auteurs présumés des crimes et des délits* (1).

La mission principale du Procureur de la République, étant de rechercher les crimes et les délits, il reçoit à cet effet : Les procès-verbaux établis par les officiers inférieurs de la police judiciaire, les dénonciations qui peuvent lui être adressées directement ou par l'intermédiaire des officiers précités.

Ces dénonciations sont officielles, lorsqu'elles émanent d'un fonctionnaire ou officier public ; privées, si elles émanent d'un simple particulier.

Elles peuvent être encore adressées sous formes de plaintes, si elles sont faites par la personne qui se prétend lésée par un crime ou un délit (art. 63).

---

(1) Les fonctions du Procureur, en tant qu'officier de police judiciaire, sont indépendantes de ces pouvoirs en matière d'instruction et de poursuite que nous étudierons en temps utile.

b) **Juge d'instruction**. — En sa qualité d'officier de police judiciaire, le Juge d'instruction est compétent :

Pour recevoir les plaintes de la partie lésée ;

Pour procéder à l'instruction préparatoire.

Nous étudierons plus loin tous les actes relatifs à l'instruction préparatoire ; nous nous contenterons pour l'instant de dire quelques mots sur les plaintes.

La plainte peut être *simple*, c'est celle qui peut indifféremment être adressée au Juge d'instruction ou au Procureur de la République.

Elle peut aussi contenir « *constitution de partie civile* ». Elle est alors obligatoirement formée devant le Juge d'instruction. Dans cette dernière sorte de plainte, la partie lésée déclare d'une façon expresse qu'elle demande la réparation du préjudice qui lui a été causé du fait du crime ou du délit.

En cas de dénonciation ou de plainte calomnieuse, le dénonciateur ou le plaignant est passible des peines ou dommages-intérêts prévus par l'article 373 du Code pénal et par les articles 159, 191 et 358 du Code d'instruction criminelle.

Pour en terminer avec la question des officiers de police judiciaire, il convient de signaler qu'ils sont tous soumis à la surveillance du Procureur général et de la Cour d'appel. Toutefois, pour tout ce qui concerne l'instruction préparatoire, le Juge d'instruction n'est soumis à aucune juridiction.

La surveillance du Procureur général et l'autorité de la Cour d'appel s'exercent par avertissement et peuvent également amener le déplacement ou la révocation de l'officier de police qui en est l'objet (1).

Les officiers de police judiciaire, dans la recherche des infractions, doivent respecter le domicile, la propriété et la liberté de tout individu. Ils ne peuvent faire des perquisitions, des saisies ou des arrestations, qu'après l'ouverture de l'instruction préparatoire.

---

(1) Le Juge d'instruction, qui jouit de l'inamovibilité des juges, ne peut être ni déplacé ni révoqué ; mais il peut se voir enlever l'instruction.

CHAPITRE II

DES POURSUITES : ACTION PUBLIQUE

§ 1. — Territorialité et extraterritorialité des lois pénales

« Les lois de police et de sûreté », dit l'art. 3, Code civil, « obligent tous ceux qui » habitent le territoire ».

D'autre part, l'article 5 du Code d'instruction criminelle, modifié par la loi du 27 juin 1866, dispose que « tout Français qui, hors du territoire de la France, s'est rendu » coupable d'un crime puni par la loi française, peut être poursuivi et jugé en France ».

De même « tout Français qui, hors du territoire de France, s'est rendu coupable d'un » fait qualifié délit par la loi française peut être poursuivi et jugé en France ».

Et encore d'après l'article 7, « tout étranger qui, hors du territoire de France, se sera » rendu coupable, soit comme auteur ou comme complice de certains crimes ou délits » (crime attentatoire à la sûreté de l'Etat, contre-façon du sceau de l'Etat, etc.), pourra » être poursuivi et jugé d'après les dispositions des lois françaises ».

Ainsi, les poursuites peuvent être exercées non seulement en France, mais encore, dans certains cas, contre des Français résidant à l'étranger, ou même contre des étrangers hors du territoire.

Nous avons vu, dans notre introduction, que les poursuites sont de deux sortes. Il y a, d'abord, la poursuite répressive ou *action publique*, et ensuite la poursuite exercée par la victime de l'infraction ou *action civile*.

Nous allons étudier dans le présent chapitre l'action publique, et nous suivrons l'ordre généralement adopté, en examinant les points suivants :

1° A qui appartient et par qui est exercée l'action publique ;

2° Contre qui elle peut être exercée ;

3° Quelles juridictions peuvent en être suivies ;

4° Causes d'extinction de l'action publique.

§ 2. — A qui appartient et qui peut exercer l'action publique

Suivant leur gravité, les infractions à la loi pénale se divisent en *contraventions*, *délits* et *crimes*. La contravention est punie de simples peines de police ; tandis que des peines correctionnelles sanctionnent le délit ; et qu'au crime sont attachées des peines afflictives ou infamantes (art. 1er Code pénal).

Nous pouvons maintenant définir l'action publique : toute infraction donnant naissance à une peine correspondante, l'action publique *tend à l'application de cette peine*. Elle se différencie de l'action civile, qui a trait *à la réparation du préjudice causé par l'infraction.*

D'après l'article 1er alinéa 1, du Code d'instruction criminelle :

« L'action pour l'application des peines n'appartient qu'aux fonctionnaires auxquels » elle est donnée par la loi ».

Cette disposition ne laisse pas d'être assez confuse. Il n'est pas très exact de dire que l'action publique appartient à tel ou tel fonctionnaire. Ce qui est vrai, ainsi que nous le verrons, c'est que, dans l'intérêt de la Société, l'exercice de l'action publique est confié à certains fonctionnaires.

L'action publique est donc exercée au nom de la Société, personne morale. Quels sont les personnes physiques qualifiées pour l'exercer, c'est-à-dire pour demander l'application de la peine ?

Cela nous oblige à revenir sur les systèmes accusatoire et inquisitoire, dont nous avons fait l'étude dans notre historique, et à insister plus particulièrement sur les systèmes mixtes, qui sont la base de notre législation criminelle.

Dans le système accusatoire, la répression des infractions est poursuivie par les particuliers sous forme d'accusation privée, si elle émane de la victime de l'infraction ou de ses héritiers, ou sous forme d'accusation populaire, si elle émane d'un individu quel qu'il soit, agissant au nom de la Société tout entière, lésée par l'infraction, acte anti-social.

Dans le système inquisitoire, la poursuite est confiée à des magistrats qui recherchent les délits et les délinquants. Dans le premier système, le juge est un arbitre entre l'accusé et l'accusateur ; dans le second, le juge peut agir par lui-même et exercer la poursuite d'office, sans être saisi par un tiers. Ainsi que nous l'avons vu, on confia, à l'origine de ce deuxième système, le droit d'exercer l'action publique aux magistrats qui devaient juger les affaires criminelles ; mais on sentit la nécessité de scinder la poursuite et le jugement et on créa des procureurs, auxiliaires des juges pour les recherches et la poursuite. Ce fut l'origine du Ministère public.

Chacun de ces deux types de procédure, accusatoire et inquisitoire, a ses qualités et ses défauts.

Dans la procédure accusatoire, la poursuite et la recherche des délits sont complètement abandonnées à l'initiative des particuliers, initiative qui peut sommeiller par inertie, crainte ou corruption. Les chances d'impunité, conséquences de ce système, sont encore accrues, soit par la publicité qui existe à toutes les phases de la procédure, soit par la nécessité où se trouve le juge de limiter son examen aux seules pièces qui lui sont fournies par l'accusateur.

Mais, d'un autre côté, la procédure inquisitoire a des vices bien graves. C'est la poursuite et la recherche des délits exclusivement confiés à des agents du pouvoir, c'est cette atmosphère de secret et, par suite de suspicion, au milieu de laquelle se déroule le procès, c'est enfin cette absence de contradiction sérieuse entre l'accusation et la défense.

Aussi le progrès dans la voie de la civilisation juridique, consiste à réaliser un *type mixte*, dont une partie de la procédure est empruntée au système inquisitoire et dont l'autre reprend toutes les garanties et toutes les qualités du système accusatoire.

Systèmes mixtes. — Avec les systèmes mixtes, les attributions des magistrats, d'une part, et des procureurs ou Ministère public, d'autre part, sont nettement déterminées. Les magistrats jugent, le Ministère public a le droit de poursuite.

La création du Ministère public devait-elle entraîner la suppression absolue du système accusatoire ? La question est encore actuellement fort discutée et nullement tranchée. L'immixtion des particuliers pour mettre l'action publique en mouvement parait funeste à certains, alors que d'autres y voient un moyen de remédier à la négligence possible du Ministère public.

Quoiqu'il en soit de ces divergences l'action publique est confiée dans la législation actuelle :

Aux officiers du Ministère public ;

Aux fonctionnaires de certaines administrations pour des cas déterminés (1).

a) **Ministère public.** — Organisation et détermination de ses pouvoirs.

1° Organisation. — Il ne peut y avoir jugement d'une juridiction qu'elle quelle soit, sans avis du Ministère public.

Il faut également l'avis du Ministère public pour les juridictions d'instruction.

Les représentants du Ministère public sont :

Auprès des Juges d'instruction, le Procureur de la République attaché au Tribunal d'arrondissement ;

Près la Chambre des mises en accusation, le Procureur général à la Cour d'appel ;

Près le Tribunal de simple police, le Commissaire de police, ou, s'il n'y a pas de Commissaire de police au lieu où siège le Tribunal, une personne désignée par le Procureur général, ou encore, pour les contraventions forestières un agent de l'administration foncière ;

Près le Tribunal correctionnel, le Procureur de la République et ses substituts ;

Près la Chambre des appels correctionnels, le Procureur général, des avocats généraux, des substituts du Procureur général.

Près la Cour d'assises : le Parquet de la Cour d'appel, le Parquet du Tribunal de première instance, suivant qu'elle siège dans un chef-lieu de Cour d'appel ou dans une autre ville ;

Près la Cour de cassation : le Procureur général, six avocats généraux et un secrétaire général.

Le chef de tous les officiers du Ministère public est le Ministre de la Justice (art. 274 du Code d'instruction criminelle).

Au-dessous du Ministre de la Justice, se trouvent le Procureur général à la Cour de cassation et les Procureurs généraux près les Cours d'appel.

Le premier est le chef du Ministère public de la Cour de cassation, mais il n'est pas le supérieur hiérarchique des Procureurs près les Cours d'appel.

---

(1) En outre, la victime de l'infraction peut toujours mettre en mouvement le Ministère public (*accusation privée*), les individus qui n'ont subi aucun dommage du fait de l'infraction sont autorisés à faire une *dénonciation* et, dans ce dernier cas, le Ministère public poursuit s'il le juge à propos.

Ces derniers sont les chefs du Ministère public dans tout le ressort de la Cour (art. 274, Code d'instruction criminelle). Ils sont les intermédiaires entre le Ministre de la Justice et les officiers du Ministère public du ressort de la Cour.

Tout officier du Ministère public doit donc obéissance à son Procureur général ou au Garde des Sceaux, sous peine de déplacement ou de révocation. Mais l'obéissance hiérarchique qui oblige un officier du Ministère public à intenter l'action publique ou à s'abstenir de la poursuite sur l'ordre de son chef, ne lui enlève par la liberté *dans ses conclusions* ; il a, d'après un adage de l'ancien droit « sa parole libre ».

Et, en outre, si en vertu de son pouvoir propre, un officier du Ministère public a intenté une poursuite, contrairement à l'ordre de son chef hiérarchique, celui-ci pourra le faire révoquer, mais l'affaire devra suivre son cours et être jugée.

Enfin, si ledit officier se refuse à poursuivre, ni le Ministre de la Justice, ni le Procureur général ne peuvent se substituer à lui. Ils n'ont que la ressource de le déplacer ou de le révoquer et de mettre à sa place un autre magistrat.

2° Détermination des pouvoirs du Ministère public. — L'article 1er du Code d'instruction criminelle qui porte que « l'action pour l'application des peines n'appartient qu'aux » fonctionnaires auxquels elle est confiée par la loi » ne doit pas être pris à la lettre, c'est-à-dire dans ce sens que le Ministère public a la propriété de l'action pour l'exercer comme il l'entend.

Tout d'abord, un déli ou un crime étant établi, il ne peut se soustraire à la poursuite, par exemple par une transaction avec l'inculpé. Il est tenu de poursuivre.

Il ne peut, non plus, se désister d'une poursuite commencée. Le procès doit obligatoirement suivre son cours, quitte au Ministère public à demander l'acquittement de l'inculpé.

Il ne peut enfin renoncer à son droit de recours contre une décision rendue.

L'article 1er doit donc être pris en ce sens que l'action publique appartient, en principe, au Ministère public seul et n'appartient qu'à lui.

Ce principe posé, il conviendra d'examiner les cas dans lesquels il n'a pas toute liberté pour exercer l'action publique.

Examinons, en premier lieu, le principe. Que signifie-t-il exactement ? Il importe de ne pas perdre de vue, que les articles 43, 145 et 182 du Code, autorisent la personne lésée du fait de l'infraction, à déférer cette infraction aux juridictions répressives. Le droit de la partie lésée est donc indubitable à l'égard de la juridiction répressive du premier degré ; mais en ce qui concerne le recours en appel ou en cassation, c'est le Ministère public qui a seul le droit de se saisir de l'action publique.

Le principe posé revient à dire que le pouvoir de mener jusqu'au bout la poursuite répressive, appartient au Ministère public seul.

Ce principe signifie encore que les Juges ne peuvent se saisir d'eux-mêmes de l'action publique. Ce dernier point n'est pas absolu, car dans le cas de contravention, délit ou crime, commis à l'audience d'un Tribunal, les articles 505 à 508 du Code autorisent ledit Tribunal à se saisir de lui-même et à prononcer la peine.

D'un autre côté, le Ministère public n'a pas besoin de l'assentiment de la partie lésée pour exercer l'action publique, et celle-ci ne peut l'empêcher de poursuivre le délinquant et de le faire condamner.

Son droit d'exercice est donc entièrement libre et il l'est non seulement au point de vue de la personne lésée, mais encore vis-à-vis des tribunaux qui ne peuvent lui adresser un blâme ou lui donner un ordre directement ou indirectement (1).

Nous venons de voir le sens qu'il faut donner à la règle posée par l'article 1er du Code. Avant de passer à l'examen des exceptions au libre exercice de l'action publique par le Ministère public, précisons le rôle de ce dernier.

Rôle du Ministère public. — Il est demandeur dans le procès pénal ; c'est-à-dire qu'il demande la condamnation de l'inculpé et l'application d'une peine.

En sa qualité de demandeur, l'officier qui représente le Ministère public ne peut être récusé par l'inculpé et ne peut, non plus être condamné à payer des dommages-intérêts au dit inculpé, lorsqu'il est acquitté.

Cas exceptionnels. — Nous avons dit plus haut qu'il existe des cas où le Ministère public ne peut exercer l'action publique en toute liberté. Quels sont ces cas ? On peut les ramener à trois ; ceux où pour intenter l'action, le Ministère public doit obtenir une autorisation ; ceux où il faut une plainte préalable, enfin, les cas nécessitant la « question préjudicielle ».

1° *Autorisation.* — Le Ministère public a besoin d'une autorisation, lorsqu'il y a « *garantie* » *politique* ou « *garantie* » *administrative*. Cette dernière a été supprimée par décret du 19 septembre 1870. Toutefois, il reste admis, en principe, que les tribunaux judiciaires ne peuvent apprécier les actes administratifs. Aussi, comme les agents du Gouvernement accomplissent presque toujours, dans l'exercice de leurs fonctions, un acte administratif, les cas où ils pourraient être poursuivis pénalement sont rares.

La garantie politique résulte de l'article 14 de la loi constitutionnelle des 16-18 juillet 1875. Aux termes de cet article, aucun sénateur ou député ne peut être poursuivi, sans l'autorisation du Sénat ou de la Chambre des Députés.

Avant autorisation, un sénateur ne peut donc être poursuivi pour crime ou délit, ni être cité à comparaître devant une juridiction de jugement ou d'instruction. Aucune perquisition ne peut être faite à son domicile.

Le bénéfice de la garantie est supprimé, en cas de flagrant délit et le Ministère public peut alors poursuivre, conformément au droit commun. En fait, même en cas de flagrant délit, les parquets ont pris l'habitude de demander l'autorisation du Sénat ou de la Chambre.

Il est également admis par la jurisprudence que les membres du Parlement bénéficient de l'immunité politique, même vis-à-vis de la partie lésée ; celle-ci ne peut donc faire, sans autorisation, aucun acte appelant un sénateur ou un député devant un Tribunal.

---

(1) Exception faite pour les cas prévus à l'article 379 du Code d'instruction criminelle et l'article 11 de la loi du 20 avril 1810.

2° *Plaintes.* — Dans certains cas déterminés, la loi exige une plainte préalable pour permettre au Ministère public d'exercer son droit de poursuite.

Il faut qu'il s'agisse, soit d'infractions visant des intérêts privés, soit d'infractions anti-sociales pour lesquelles l'intérêt de la victime exige le silence.

Les premières de ces infractions comprennent notamment le délit de contrefaçon d'une invention brevetée, le délit qui consiste à avoir chassé sur le terrain d'autrui, le délit de pêche dans les mêmes conditions (1).

Les infractions de la deuxième catégorie sont : l'adultère, le rapt par séduction dans certaines conditions, la diffamation envers les sénateurs, les députés, les jurés à raison de leurs fonctions ou qualités, qui constituent des délits contre les particuliers, et les fraudes des fournisseurs des armées, les offenses envers les chefs des gouvernements étrangers ou les outrages envers les agents diplomatiques étrangers, les diffamations ou injures envers les corps constitués, les diffamations ou injures envers les fonctionnaires à raison de l'exercice de leurs fonctions, qui constituent des délits contre les Etats.

On s'explique très bien, pour toutes ces infractions, les motifs qui ont guidé le législateur. Ainsi pour l'époux offensé et pour la famille, il est intéressant que l'adultère ne soit pas dévoilé ; de même lorsqu'il s'agit d'un rapt par séduction, la famille de la jeune fille peut légitimement estimer qu'il vaut mieux ne pas attirer l'attention sur elle.

Si l'on considère les délits contre les Etats, la nécessité d'une plainte préalable s'explique pour des motifs d'intérêt général : ne pas nuire à l'exécution des marchés, surtout en temps de guerre, s'il s'agit de fraudes commises par les fournisseurs, ne pas surexciter l'opinion dans le cas d'offenses ou d'outrages envers les agents diplomatiques, etc.

3° *Question préjudicielle.* — Cela doit être entendu en ce sens que, dans certains cas, une question d'ordre civil doit être résolue pour permettre de donner la solution d'un procès répressif. Pour nous faire mieux comprendre, nous prendrons un exemple très simple. Un individu est traduit en Cour d'assises, sous l'inculpation de parricide. Il reconnait le crime, mais il soutient que la victime n'est pas son père. Le Jury ne peut évidemment répondre sur la question du parricide qu'autant que la question de filiation est tranchée.

Les questions à résoudre peuvent être *simplement préalables* ou *préjudicielles*. Ce qui les distingue nettement, c'est que les premières sont tranchées par la juridiction répressive, saisie du procès pénal, alors que les secondes ne peuvent être résolues que par une juridiction d'ordre civil, dans un procès civil distinct du procès pénal.

Les principes relatifs aux questions préalables et préjudicielles ont été posés par la note du président Barris, *dite note de 1813*. On peut les ramener à deux :

1° Les questions sont, en règle générale, considérées comme préalables (et, par suite, de la compétence des juridictions répressives).

Elles ne sont préjudicielles, que lorsque la loi leur attribue expressément ce caractère. Il n'y a pas de question préjudicielle sans texte ;

(1) Pour le délit de pêche, il y a controverse, car la loi de 1829 ne contient aucun texte qui exige la plainte de la partie lésée.

2° Les moyens de preuve sont toujours les modes de preuve du droit civil, même si la question est tranchée devant les juridictions répressives, ce qui est tout à fait logique, car la manière de prouver un fait doit dépendre, non pas de la juridiction devant laquelle il faut administrer la preuve, mais de la nature de ce fait.

Il y a deux espèces de questions préjudicielles. Les unes sont préjudicielles à l'action publique, c'est-à-dire qu'elles doivent être résolues, avant que l'action publique puisse être intentée. Elles restreignent donc la liberté d'action du Ministère public.

Les autres sont préjudicielles au jugement de l'action publique. Elles ne restreignent pas la liberté d'action du Ministère public, mais quand elles sont soulevées au cours du procès pénal, il ne peut être statué avant qu'elles n'aient été résolues par une juridiction civile.

Nous examinerons plus loin ces dernières qui sont désignées souvent sous le nom « d'exceptions préjudicielles » et nous nous contenterons pour l'instant de donner une énumération et un aperçu des questions préjudicielles à l'action publique : question préjudicielle de filiation, question préjudicielle à la poursuite pour rapt de jeune fille mineure, question préjudicielle à la poursuite pour banqueroute.

I. *Question préjudicielle de filiation.* — Elle est établie par les articles 327 et 326 du Code civil ainsi conçus :

Article 327. — « L'action criminelle contre un délit de suppression d'état ne pourra » commencer qu'après le jugement définitif sur la question d'état ».

Article 326. — « Les tribunaux civils seront seuls compétents pour statuer sur les » réclamations d'état ».

L'article 327 vise l'état qui résulte de la filiation, qu'elle soit naturelle ou légitime.

Un délit de suppression d'état est un délit qui supprime la preuve d'un rapport de filiation.

Ainsi, par exemple, en cas de demande de poursuites pour altération d'un acte de naissance, il faut d'abord que les tribunaux civils jugent que l'acte de naissance originaire était tel que le prétend le demandeur.

C'est ce qui résulte des deux textes précités.

II. *Question préjudicielle à la poursuite pour rapt de jeune fille mineure.* — Voici comment se pose la question. Supposons un mariage entre une mineure et son ravisseur. Le Ministre public peut-il poursuivre le ravisseur sur une plainte des parents de la jeune fille, ou faut-il, en outre, que les parents aient obtenu du tribunal civil un jugement prononçant l'annulation du mariage ? Si cette deuxième condition est nécessaire, il faut considérer que la question de validité du mariage est une question préjudicielle à l'action publique.

Il y a controverse sur ce point, car le texte de l'article 357, ne semble pas faire de la question de validité du mariage, une question préjudicielle au jugement de l'action publique ; il exige seulement que la nullité de ce mariage soit prononcée avant la condamnation pénale du ravisseur.

Beaucoup d'auteurs en tirent la conclusion que le Ministère public peut poursuivre le ravisseur sans attendre que la nullité du mariage soit prononcée.

Certains auteurs sont néanmoins d'un avis contraire et estiment que, malgré le texte de l'article 357, le législateur a voulu faire de l'annulation du mariage une question préjudicielle à l'action publique.

III. *Question préjudicielle à la poursuite pour banqueroute.* — La banqueroute, considérée comme crime ou délit, suppose la faillite. La poursuite répressive pour banqueroute ne peut être exercée que contre un failli.

La question se pose alors ainsi : L'action publique ne peut-elle être intentée pour banqueroute qu'autant que le commerçant a été déclaré en faillite par le Tribunal de commerce ? S'il en est ainsi, la déclaration de faillite est préjudicielle à la poursuite du Ministère public.

La question est fort controversée. Cependant la jurisprudence admet qu'il peut y avoir poursuite pour banqueroute, préalablement à la déclaration de faillite par le Tribunal de commerce.

b) **Administrations qui peuvent exercer l'action publique.** — Les administrations qui peuvent exercer l'action publique sont :

L'administration des contributions indirectes ;

L'administration des douanes ;

L'administration des eaux et forêts.

L'action publique leur est confiée pour leur permettre de récupérer les amendes résultant de la non observation des lois sur les contributions indirectes, les douanes et le régime forestier. Il y a donc une action tendant à une répression et à une réparation civile. L'action publique a, par suite, dans les mains desdites administrations, un caractère mixte et elle est réglementée d'une façon qui participe en même temps de la réglementation de l'action publique et de la réglementation de l'action civile.

La matière est régie :

Pour l'administration des contributions indirectes, pour le décret du 1er germinal an XIII et par la loi du 5 ventôse an XII.

Pour l'administration des douanes, par la loi du 4 germinal an II, titre 6, article 12.

L'administration des contributions indirectes et l'administration des douanes ont seules qualité pour demander l'application des peines pécuniaires ou amendes résultant des infractions qui sont de leur ressort, mais elles ne peuvent requérir l'application de l'emprisonnement.

En ce qui concerne l'administration des eaux et forêts, l'article 159 du Code forestier l'autorise à exercer l'action publique pour les contraventions et délits forestiers.

Elle peut requérir tant l'application de l'emprisonnement que celles des peines pécuniaires.

Les trois administrations que nous venons de citer ont donc l'exercice de l'action publique ; elles ont aussi le droit d'en disposer, c'est-à-dire de transiger par rapport à elle.

Il peut y avoir transaction avant que la condamnation soit définitive et cette transaction éteint alors complètement l'action publique.

Il peut y avoir aussi transaction après la condamnation, mais seulement pour les peines pécuniaires. La peine de l'emprisonnement une fois prononcée, le condamné ne peut s'y soustraire que par une grâce du Président de la République.

Le droit de disposer de l'action publique permet aux mêmes administrations de se désister d'une poursuite commencée, ce que ne peut pas faire le Ministère public, ainsi que nous l'avons vu.

§ 3. — Contre qui peut être exercée l'action publique

L'action publique ne peut être exercée que contre ceux qui sont soupçonnés d'être les auteurs de l'infraction, ou contre ceux qui y ont participé en qualité de complices.

Ne peuvent être poursuivis les héritiers des auteurs ou des complices, et ce, d'après le texte de l'article 2 du Code d'instruction criminelle, alinéa 1.

« L'action pour l'application de la peine s'éteint par la mort du prévenu ».

L'action publique ne peut non plus être exercée contre les personnes qui ne sont que civilement responsables de l'auteur de l'infraction ou de ses complices.

Ces personnes peuvent cependant être citées à comparaître pour être déclarées responsables, le cas échéant, des frais auxquels le coupable sera condamné. En outre, s'il s'agit d'une action de caractère mixte, exercée en vue d'obtenir des amendes ou confiscations fiscales (administration des douanes ou des contributions indirectes), elle peut être intentée non seulement contre les auteurs, mais encore contre les personnes civilement responsables.

§ 4. — Juridictions qui peuvent être saisies de l'action publique

Par rapport à l'action publique, la compétence appartient exclusivement aux juridictions répressives. Il faut distinguer deux catégories de juridictions répressives :

Les juridictions d'instruction.

Les juridictions de jugement.

a) **Juridictions d'instruction.** — Les juridictions d'instruction de droit commun sont :

Le Juge d'instruction, titulaire ou suppléant, appartenant au Tribunal civil de l'arrondissement ;

Et la Chambre des mises en accusation, qui est une section de la Cour d'appel.

b) **Juridictions de jugement.** — Les juridictions de jugement sont au nombre de cinq.

Le Tribunal de simple police (un pour chaque canton ; les jugements sont généralement rendus par le Juge de paix.)

Le Tribunal de police correctionnelle, composé soit par une chambre du Tribunal civil d'arrondissement, soit par le Tribunal civil d'arrondissement lui-même.

La Chambre des appels correctionnels, qui est une chambre de la Cour d'appel.

La Cour d'assises, composé du jury (douze citoyens) et de la Cour d'assises proprement dite (trois magistrats de carrière). Il y a une Cour d'assises dans chaque département.

Et enfin la Chambre criminelle de la Cour de cassation, qui est chargée de statuer sur les pourvois en matière répressive.

c) **Compétence (compétence « ratione materiæ » ou « ratione loci »).** — Avant de statuer sur la poursuite, chaque juridiction doit vérifier si elle est compétente et, le cas échéant, rendre un jugement d'incompétence (1).

La compétence est *ratione materiæ* ou *ratione loci*.

1° Compétence « ratione materiæ ». — Il faut distinguer entre les contraventions et les délits.

Pour les contraventions, le Tribunal de simple police est compétent en première instance, le Tribunal correctionnel en appel.

Pour les délits et crimes, l'instruction préparatoire est de la compétence du Juge d'instruction et de la Chambre des mises en accusation.

Sur cette dernière matière, délits et crimes, les juridictions de jugement sont pour les délits.

Au premier degré, le Tribunal correctionnel, en appel la Chambre des appels correctionnels.

Pour les crimes, la Cour d'assises, sans appel possible.

Quand à la Chambre criminelle de la Cour de cassation, elle a compétence en toutes matières.

2° Compétence « ratione loci ». — Relativement à chaque infraction, il y a une compétence locale qui appartient à la juridiction d'instruction où à la juridiction de jugement qui siège en un lieu déterminé.

D'après l'article 138, une seule juridiction est compétente pour les contraventions, c'est le Tribunal de simple police « du canton dans l'étendue duquel elles ont été commises ».

La question est plus complexe pour les crimes et délits. La compétence *ratione loci* est triple. En effet, pour l'instruction et pour le jugement, sont compétentes, les juridictions du lieu où a été commis le crime ou le délit, de la résidence de l'inculpé, du lieu où l'inculpé a été arrêté.

Cette triple compétence peut amener *des conflits de juridiction*, que l'on peut diviser en conflit positif et en conflit négatif.

Le conflit est positif, lorsque deux juridictions sont saisies en même temps d'une même infraction à l'égard d'un même prévenu.

Le conflit est négatif, lorsque deux décisions, intervenues à propos de la même infraction et passées en force de chose jugée, contiennent des dispositions telles qu'elles empêchent que l'inculpé soit jugé.

(1) Exception faite pour la Cour d'assises. L'arrêt de renvoi de la Chambre des mises en accusation devant la Cour d'assises *est attributif de compétence*.

Pour mettre fin à ce conflit de juridictions, on doit avoir recours à la procédure désignée sous le nom de *règlement de juges*, et qui aboutit à la désignation du juge qui doit s'occuper en définitive de l'affaire.

Le règlement de juges appartient, en principe, à la Cour de cassation, sauf les exceptions prévues à l'article 540, en ce qui concerne les Tribunaux de simple police. Le différend peut, suivant les cas, être tranché par le Tribunal d'arrondissement ou par la Cour d'appel.

3° Questions préjudicielles au jugement. — En principe, les juridictions de jugement peuvent juger dès que le délai accordé à l'inculpé pour comparaître et se défendre est expiré ; mais si l'inculpé soulève un moyen d'ordre civil, nous retrouvons, comme en matière de poursuite, un certain nombre de questions préjudicielles.

Si l'exception, quoique d'ordre civil, doit être jugée par la juridiction répressive, c'est une simple exception ou question *préalable*.

Il n'y a aucun principe général pour déterminer les cas dans lesquels les exceptions d'ordre civil constituent des questions préjudicielles au jugement.

Si l'on s'en rapporte à la note du Président Banis, dite note de 1813, dont nous avons parlé plus haut (§ 4°. Ministère public, division *a*, 3°), on peut distinguer trois cas principaux :

L'exception invoquée par l'inculpé met en cause une question d'état des personnes (filiation ou mariage) ;

L'exception met en cause une question de propriété ou de droit réel (propriétés mobilières et immobilières) ;

Enfin, elle met en cause l'existence d'un contrat (prêt de consommation).

§ 5. — Causes d'extinction de l'action publique

Elles peuvent se ramener à quatre. La chose jugée, le décès de l'inculpé, l'amnistie, la prescription.

a) **La chose jugée.** — Il y a chose jugée par rapport à l'action publique, lorsqu'une décision a été rendue par une juridiction répressive et qu'en outre cette décision ne peut plus être attaquée par opposition, appel ou pourvoi en cassation.

L'action publique donne lieu à un procès. Dès l'instant que le procès a pris fin, l'action publique est elle-même éteinte.

b) **Le décès de l'inculpé.** — L'article 2, alinéa 1, du Code dit que « l'action publique pour l'application de la peine s'éteint par la mort du prévenu ».

Cela s'explique parfaitement, l'application et l'exécution d'une peine sont choses strictement personnelles et il est certain que le décès de l'inculpé doit mettre fin à l'action publique.

c) **L'amnistie.** — Par l'amnistie, le pouvoir social déclare oublier certaines infractions commises pendant une période donnée ou dans des circonstances déterminées. L'action publique née de ces infractions est forcément éteinte. Ainsi donc, lorsque l'action publique existe encore au moment où entre en vigueur la loi d'amnistie, l'amnistie l'éteint immédiatement.

d) **Prescription de l'action publique.** — La prescription de l'action publique est une prescription d'ordre public.

D'après les articles 637, 638 et 640, l'action publique se prescrit « à compter du jour où l'infraction a été commise ».

La Cour de cassation admet généralement que le délai de la prescription commence à courir le l'endemain de l'infraction. Le jour de l'infraction, *dies a quo*, doit donc être exclu.

Pour certains délits et contraventions, c'est le lendemain du jour où le procès-verbal a été dressé qui sert de point de départ à la prescription.

L'action publique se prescrit :

Après dix ans, pour les crimes.

Après trois ans, pour les délits.

Après une année, pour les contraventions. (1)

Un certain nombre d'actes peuvent interrompre la prescription.

En matière de contravention, une condamnation ou une « notification de l'appel qui aura été interjeté » du jugement de condamnation (art. 640).

En matière de crimes et de délits, les actes d'instruction ou de poursuite même non suivis de jugement (art. 637 et 638).

L'interruption de la prescription de l'action publique produit *un effet absolu*, c'est-à-dire que son effet est opposable non seulement aux personnes qui ont été impliquées dans l'acte d'instruction ou de poursuite, mais encore à celles qui n'y ont pas été impliquées (art. 637 et 638).

La jurisprudence admet, en outre, que la prescription de l'action publique est suspendue toutes les fois que, soit à raison de l'existence d'un obstacle de droit, soit à raison de l'existence d'un obstacle de fait, le Ministère public s'est trouvé dans l'impossibilité de poursuivre la répression.

Quels sont les effets de la prescription de l'action publique ? Etant une institution d'ordre publique :

Elle oblige le Ministère public à s'abstenir d'exercer l'action publique, lorsqu'il croit qu'elle est prescrite.

De même, toutes les juridictions répressives doivent faire bénéficier le prévenu de la prescription.

Enfin l'inculpé ne peut renoncer à la prescription et il en bénéficie d'office.

(1) Trois mois pour les délits de chasse ou pour les infractions au Code forestier.

CHAPITRE III

DES POURSUITES : ACTION CIVILE

Le principe de l'action civile se trouve dans l'alinéa 2, article 1er du Code d'instruction criminelle qui porte « l'action en réparation du dommage causé par un crime, par un délit » ou par une contravention, peut être exercée par tous ceux qui ont souffert de ce dom- » mage ». L'action civile est donc la poursuite exercée par la victime de l'infraction.

Nous adopterons pour l'étude de l'action civile, la même division que pour l'action publique.

1° A qui appartient et par qui est exercée l'action civile ;
2° Contre qui elle peut être exercée ;
3° Quelles juridictions peuvent en être saisies ;
4° Causes d'extinction de l'action civile.

§ 1. — A qui appartient et qui peut exercer l'action civile

D'après l'article 1er ci-dessus, l'action civile peut être exercée par toutes les personnes auxquelles une infraction a causé un dommage. Et ces personnes peuvent non seulement l'exercer, mais elles en est, pour ainsi dire, la propriété, ce dernier point est établi par les articles 51 du Code pénal et 4 du Code d'instruction criminelle.

Le premier de ces articles décide que la condamnation à la réparation du dommage causé par une infraction ne peut être prononcée par les tribunaux qu'au profit de la partie lésée. Par suite, c'est bien la partie lésée qui est seule à avoir droit à la réparation.

L'article 4 du Code d'instruction criminelle en disposant que « la renonciation à l'action » civile ne peut arrêter ni suspendre l'exercice de l'action publique » indique bien que la partie lésée a le droit de renoncer à l'action civile. Ce droit de renonciation ou de disposition, droit exclusif, correspond à la propriété.

a) **Quelles sont les personnes qui ont la propriété de l'action civile ?** — Trois conditions doivent être réunies :

Il faut que la personne ait souffert un dommage.

Il faut qu'elle l'ait souffert personnellement (1).

Il faut que le dommage ait été causé par l'infraction, c'est-à-dire qu'il en soit *la conséquence directe.*

Il convient d'insister sur les deux premiers points et de déterminer aussi exactement que possible ce qu'il faut entendre par les personnes qui ont subi personnellement le

(1) Le représentant légal d'une personne peut exercer l'action civile pour elle.

dommage. Il y a d'abord la victime proprement dite et ensuite les personnes autres que la victime.

En ce qui concerne la victime de l'infraction, il est bien évident qu'elle a, en principe, la propriété de l'action civile. Ce principe comporte une exception qui se présente, lorsque l'infraction a entraîné la mort instantanée de la victime. L'action civile ne peut prendre naissance et la jurisprudence admet que, dans ce cas, la victime ne peut acquérir le droit à l'action civile.

Si l'infraction a été commise contre une collectivité, des syndicats professionnels par exemple, ceux-ci ne pourront intenter l'action civile qu'autant qu'ils prouveront que l'infraction a causé directement préjudice aux intérêts collectifs qu'ils représentent. (1)

Voyons maintenant les personnes autres que la victime proprement dite, suivant les cas, ce seront les proches parents, les amis de la victime, ses héritiers, les personnes qui avaient droit à une pension alimentaire ou encore ses créanciers.

On peut poser, en principe, que toutes les personnes, qui subissent un préjudice actuel et certain, préjudice matériel ou moral, ont l'action civile *de leur propre chef*. Il faut ranger, dans cette catégorie, les personnes qui perdent une créance alimentaire ou les parents de la victime qui subissent un préjudice moral par suite de l'infraction.

Mais en est-il de même pour celles à qui l'infraction ne cause qu'un dommage éventuel, comme les créanciers par exemple ? La question est controversée et il n'est guère possible de se prononcer.

Il en est de même pour les personnes qui ont souffert dans leurs sentiments d'affection. Les uns disent que l'on doit accorder l'action civile aux proches parents, d'autres auteurs prétendent, au contraire, que le chagrin ne peut s'apprécier en argent et que cette dernière catégorie ne peut, en aucun cas, intenter l'action civile.

Des arrêts contradictoires ont également été rendus sur la matière. (2)

Quid des héritiers des personnes qui ont eu l'action civile de leur chef ? Le principe de la transmission aux héritiers du droit d'intenter l'action civile est universellement admis.

Il convient toutefois de signaler qu'en cas de diffamation ou d'injure, la transmission ne se fait aux héritiers de la victime que si celle-ci a intenté l'action elle-même. En d'autres termes les héritiers peuvent continuer le procès mais n'ont pas le droit de le commencer.

b) **Droit résultant de l'action civile.** — Ce droit consiste à obtenir la réparation du préjudice subi sous forme de restitution et de dommages-intérêts. Si la restitution est possible, le chiffre des dommages-intérêts doit être augmenté d'autant.

Les droits de la partie lésée sont garantis de deux façons par l'action civile :

Indirectement, car sous la menace d'un procès, l'auteur de l'infraction ou les personnes civilement responsables préfèrent transiger ;

---

(1) Crim. 21 novembre 1908, D. 1910, 1-215.

(2) Voir notamment un jugement de Toulouse du 17 avril 1902. S. 1905, 2-81.

Directement, lorsque le procès est engagé et que la partie lésée obtient des tribunaux la condamnation de celui qui lui a porté préjudice.

c) **Droit d'exercice de l'action civile.** — Nous venons de voir que la partie lésée a la propriété de l'action civile. Est-elle seule à en avoir l'exercice et les tribunaux répressifs ne peuvent-ils s'en servir d'office ?

En matière de dommages-intérêts, la règle est absolue et il faut s'en tenir aux principes posés par l'article 1er du Code. Les dommages-intérêts ne peuvent être alloués à la partie lésée que si elle les demande expressément. Le Ministère public, ni les tribunaux ne peuvent se substituer à elle.

Pour les restitutions, les tribunaux répressifs doivent les ordonner d'office et le Ministère public peut leur demander de le faire (art. 51 du Code pénal qui oppose les restitutions aux dommages-intérêts, art. 366 Code d'instruction criminelle, art. 198 Code civil, pour les diverses contrefaçons, etc.).

Certains auteurs seraient disposés à admettre que l'action civile peut être exercée par les créanciers ou le syndic au nom du débiteur. La jurisprudence est en sens contraire (1).

§ 2. — Contre qui peut être exercée l'action civile

L'action civile peut être exercée contre toutes les personnes qui sont civilement responsables du dommage causé par l'infraction.

Ces personnes sont :

1° Les auteurs et complices de l'infraction dès l'instant qu'ils sont pénalement responsables, ils le sont aussi civilement ;

2° Les héritiers des auteurs et des complices ;

3° Enfin les personnes civilement responsables des actions des auteurs de l'infraction ou de leurs complices.

Et notamment celles qui sont énumérées par le Code civil (art. 1383, 1384, 1385), les propriétaires des journaux (art. 44 de la loi du 29 juillet 1881 sur la presse).

L'action civile peut même être exercée contre les incapables :

Contre la femme mariée sans l'autorisation du mari, en matière criminelle ou de police (art. 216 du Code civil) ;

Contre les autres incapables (mineur, individu en tutelle). Ce dernier point, bien qu'il ne soit appuyé sur aucun texte, est admis par la jurisprudence. Ainsi, s'il s'agit d'un individu en tutelle, la partie lésée peut l'actionner lui-même et non son tuteur.

§ 3. — Juridictions qui peuvent être saisies de l'action civile

En principe, les juridictions de l'ordre civil sont seules compétentes par rapport à l'action civile. Mais le législateur a senti la nécessité d'apporter sur ce point des dérogations aux principes ordinaires de compétence. En effet, si l'on s'en tenait strictement à ces

(1) Tribunal civil de la Seine, 9 janvier 1876.

principes, toute infraction dommageable donnerait lieu nécessairement à un autre procès devant les juridictions civiles : d'où la possibilité de décisions contradictoires.

Deux dérogations sont prévues à l'article 3, alinéa 1 et 2 du Code d'instruction criminelle.

La première permet que les juridictions répressives soient saisies de l'action civile en même temps que de l'action publique (alinéa 1).

La deuxième (alinéa 2) dispose que, lorsque la poursuite devant une juridiction civile sera contemporaine de la poursuite devant une juridiction répressive, l'exercice de l'action civile « est suspendue tant qu'il n'a pas été prononcé définitivement sur l'action publique. » « Le criminel tient le civil en état », dit l'adage.

Il résulte de ce qui précède que l'action publique ne peut appartenir qu'aux tribunaux répressifs alors que l'action civile peut être intentée devant les deux juridictions, répressives ou civiles.

Le choix appartient à la partie lésée.

La compétence des juridictions répressives en matière civile permet la simplification de la procédure : car la partie lésée n'est pas obligée de faire pour la réparation civile un procès distinct du procès répressif.

Pour étudier avec netteté la compétence des tribunaux par rapport à l'action civile, nous sommes obligés, en nous basant sur les considérations qui précèdent, de distinguer :

La compétence des juridictions répressives ;

La compétence des juridictions civiles ;

Le droit de la partie lésée de choisir entre les deux juridictions.

a) **Juridictions répressives.** — Pour qu'elles soient compétentes par rapport à l'action civile, il faut que la partie lésée exerce ladite action devant elles, il faut en un mot qu'elle se porte ou *se constitue partie civile.*

La partie lésée peut se constituer partie civile, par *acte subséquent* ou par *acte initial.* Elle le fait par acte subséquent, lorsqu'elle se borne à intervenir dans une poursuite déjà intentée par le Ministère public. Il y a acte initial, lorsque c'est elle qui provoque, à défaut du Ministère public, la mise en mouvement de l'action publique devant les tribunaux répressifs.

S'il s'agit de constitution de partie civile par un acte subséquent, elle se fait par *conclusions signées* ou même par déclaration verbale. Elle est possible jusqu'à la clôture des débats devant les juridictions d'instruction ou de jugement (art. 67, Code d'instruction criminelle).

S'il s'agit de constitution de partie civile par acte initial, la partie lésée dispose de la citation directe ou de la plainte déposée entre les mains du juge d'instruction.

1° Citation directe. — C'est un simple exploit d'huissier signifié à l'inculpé à la requête de la partie lésée et qui le cite à comparaître devant une juridiction répressive de jugement.

Elle n'est possible qu'en matière de délits et de contraventions et, en outre, la partie lésée doit connaître la personne à qui l'infraction peut être imputée. On ne délivre pas une citation contre un inconnu.

Si la partie lésée ignore l'identité de l'inculpé, elle n'a pas d'autre moyen que la plainte.

2° La plainte. — La plainte est adressée au Juge d'instruction par la victime qui demande la réparation du dommage subi (art. 30, 31, 63 et suivants du Code).

La plainte n'est admise qu'en matière de crimes et de délits. Il ne peut en être autrement, puisque la plainte doit être adressée au Juge d'instruction et que celui-ci ne s'occupe jamais de contraventions.

Ainsi que nous l'avons vu, l'article 3, alinéa 1 dispose que l'action civile ne peut être poursuivie devant les juridictions répressives qu'en même temps que l'action publique. Comme, en outre, l'article 1er n'accorde l'action civile qu'aux personnes qui ont souffert du dommage, il en résulte que la constitution de partie civile n'est possible :

Que si l'action publique peut elle-même être exercée ;

Que si le dommage, dont la victime poursuit la réparation, est la conséquence directe d'un crime, d'un délit ou d'une contravention, c'est-à-dire d'un fait qui constitue vraiment une infraction à la loi pénale.

Il faut donc, en premier lieu, pour que la constitution de partie civile soit possible, que l'action publique le soit elle-même.

La règle est absolue, si la cause de l'irrecevabilité de l'action publique existe avant qu'une juridiction répressive ait été saisie de l'action civile, mais elle ne l'est plus si le procès est en cours.

Ainsi l'extinction de l'action publique par *la chose jugée* n'entraîne pas celle de l'action civile. En effet, les articles 202, § 2, 373-3°, 427 et suivants du Code d'intruction criminelle permettent à la partie civile de former un appel ou un pourvoi « pour la défense de ses intérêts civils », c'est-à-dire que la juridiction compétente pour statuer sur l'appel ou sur le pourvoi, a le pouvoir pour juger l'action civile indépendamment de l'action publique.

De même, que se passe-t-il en cas d'amnistie ou de décès du prévenu ? Les juridictions répressives seront-elles dessaisies de l'action civile en même temps que de l'action publique ? La question est fort controversée.

Dans une première opinion, l'amnistie ou le décès éteignent l'action publique, rendant impossible toujours et sans distinction l'exercice de l'action civile devant les tribunaux répressifs.

Une deuxième opinion, diamétralement opposée, admet que les juridictions répressives restent saisies de l'action civile, malgré l'amnistie ou le décès du prévenu survenus en cours d'instruction.

Dans une troisième opinion, on admet, en principe, l'irrecevabilité de l'action civile en raison de l'amnistie ou du décès, mais cela n'empêche pas nécessairement les juridictions répressives supérieures de rester compétentes pour statuer sur les recours intentés par la partie civile contre les décisions rendues au fond par des juridictions répressives inférieures.

Cette dernière thèse trouve un argument très puissant dans les articles du Code cités ci-dessus. (202, 373, 427).

En deuxième lieu, nous avons dit que, pour qu'il puisse y avoir constitution de partie civile, il faut qu'une juridiction de jugement reconnaisse ultérieurement l'existence d'une infraction dommageable et d'une culpabilité pénale.

Il est donc admis, en principe, que la constitution de la partie civile n'est pas fondée, lorsqu'un individu n'est pas, par la suite, jugé coupable d'une infraction entraînant un dommage.

En raison de ce principe, les juridictions de police simple et correctionnelle ne peuvent allouer des dommages-intérêts à la partie lésée à moins de reconnaître en même temps la culpabilité du prévenu.

Mais, par exception au principe, la Cour d'assises peut condamner l'accusé à des dommages-intérêts envers la partie civile, lorsqu'il est acquitté, pourvu qu'il subsiste à sa charge un délit civil (art. 366 du Code).

Quels sont les effets de la constitution de partie civile devant les juridictions répressives ?

Si elle a lieu par acte *initial*, elle entraîne la mise en mouvement de l'action publique.

Qu'elle ait lieu par acte *initial* ou par acte *subséquent*, elle fait de la partie lésée un adversaire de l'accusé, un demandeur en procès répressif. Elle rend possible l'allocation à la partie lésée de dommages-intérêts, car, sans elle, les juridictions répressives ne pourraient ordonner que des destitutions.

La qualité de demandeur a en outre, pour la partie lésée, les conséquences suivantes :

1° Tous les actes importants de la procédure doivent lui être signifiés.

2° Elle ne peut être entendue au procès comme témoin.

3° Elle est responsable du procès répressif envers l'inculpé et, si celui-ci est acquitté, elle peut être condamnée à lui payer des dommages-intérêts (art. 159, 191, 358, 366 du Code).

4° La constitution de partie civile rend enfin la partie lésée responsable envers l'Etat des frais du procès répressif, frais dont elle est parfois obligée de faire l'avance.

Le désistement de la constitution de partie civile est possible. Le désistement a pour conséquences :

S'il s'agit d'une constitution de partie civile par acte initial, la fin de la poursuite et la radiation de l'affaire ;

S'il s'agit de constitution par acte subséquent, le désistement ne saurait empêcher la continuation de la poursuite intentée par le Ministère public.

b) **Juridictions civiles.** — La faculté pour la partie lésée d'exercer l'action civile devant les juridictions répressives ne lui enlève pas son droit de s'adresser aux juridictions civiles (art. 3, alinéa 2 du Code).

En principe, l'exercice de l'action civile devant les juridictions civiles est soumis aux règles de la procédure civile.

De même, la règle est que « *le criminel tient le civil en état* » c'est-à-dire qu'il ne peut pas être statué au point de vue civil, tant qu'il n'a pas été prononcé définitivement sur l'action publique.

Cependant si l'action civile est exercée préalablement à l'action publique, le jugement peut être rendu tant que l'action publique n'est pas intentée. Cela résulte du principe que la partie lésée par l'infraction est fondée à porter son action civile devant une juridiction civile, juridiction qui a qualité pour rendre un jugement, aussitôt après que l'infraction est accomplie.

En faveur de cette dernière thèse, il y a aussi un argument d'ordre pratique, résultant du cas où l'action publique ne serait pas intentée. La partie lésée civilement ne peut attendre indéfiniment une action publique qui ne se produira peut-être jamais.

Avant de terminer, il convient de bien préciser la signification de la règle « le criminel tient le civil en état ». Elle signifie simplement que l'exercice de l'action publique tient en suspens l'exercice de l'action civile devant les juridictions civiles.

c) **Droit pour la partie lésée de choisir entre les deux juridictions.** — Ce droit résulte des articles 3 et 1er, 2e alinéa du Code.

L'article 3 dit expressément que l'action civile peut être poursuivie en même temps et devant les mêmes juges que l'action publique.

Le 2e alinéa de l'article 1er déclare que l'exercice de l'action civile appartient à la partie lésée. C'est donc que celle-ci a le droit de choisir entre les deux sortes de juridictions.

L'ordonnance de 1667 avait consacré une maxime *Electa una via, non datur recursus ad alteram*. Cette maxime prise à la lettre signifie que lorsque la partie lésée a opté pour la voie criminelle ou par la voie civile, elle ne peut ensuite l'abandonner pour l'autre.

Le Code d'instruction criminelle n'a nulle part reproduit cette disposition.

La jurisprudence admet cependant que lorsqu'elle est favorable à l'inculpé, celui-ci peut s'en prévaloir et faire prononcer la nullité des actes de poursuite accomplis par la partie lésée en violation de la maxime.

Mais il est certain que la maxime n'étant formulée par aucun texte, la règle *electa una via* n'a plus aujourd'hui le caractère d'ordre public qu'elle avait d'après l'ordonnance de 1667.

Dans certains cas, la partie lésée n'a pas le droit d'option entre la voie criminelle et la voie civile.

Ainsi, elle ne peut user que de la voie civile, en cas de décès de l'inculpé, en cas d'amnistie, ou encore lorsqu'il y a *chose jugée* sur l'action publique.

De même, dans d'autres cas, la voie criminelle est seule admise.

Ainsi, pour les délits de presse (injures ou diffamations), la loi de 1881 sur la presse — article 46 — ne permet pas de poursuivre l'action civile « séparément de l'action publique ».

§ 4. — Causes d'extinction de l'action civile

L'action civile s'éteint :

Par la renonciation.

Par la chose jugée.

Par la prescription.

a) **Renonciation à l'action civile.** — Le droit de renoncer à l'action civile résulte de ce qu'elle appartient à la personne qui a souffert un dommage du fait de l'infraction. Cette personne peut, de toute évidence, renoncer à son droit.

Le principe est d'ailleurs consacré par l'article 4 du Code : « La renonciation à l'action » civile ne peut arrêter ni suspendre l'exercice de l'action publique ».

La renonciation peut être gratuite, c'est lorsqu'elle a lieu sans aucun dédommagement pour la partie lésée.

Elle peut aussi, et c'est ce qui produit généralement, être le résultat d'une transaction.

b) **Chose jugée sur l'action civile.** — Il y a peu à dire sur cette deuxième cause d'extinction de l'action civile.

L'action civile se trouve forcément éteinte, dès l'instant que la décision rendue acquiert l'autorité de la chose jugée, soit au criminel, soit au civil.

c) **Prescription de l'action civile.** — Les règles relatives à la prescription sont contenues dans les articles 637, 638 et 640 du Code d'instruction criminelle qui prévoient : 1° la durée de la prescription ; 2° son point de départ ; 3° son interruption. Les articles précités disposent en même temps et de la même manière pour l'action publique et pour l'action civile.

Les règles relatives à la prescription sont donc bien les mêmes pour les deux actions et nous ne pouvons, par suite, que nous en tenir aux explications fournies dans notre paragraphe 5, division *d*, relatif à l'extinction de l'action publique.

Il convient toutefois d'ajouter quelques commentaires.

En premier lieu, il n'est pas contestable et il n'a jamais été contesté, que l'action civile ne peut être exercée devant les juridictions répressives, lorsque l'action publique est déjà prescrite.

En deuxième lieu, l'action civile se prescrit tout comme l'action publique, même quand elle est exercée contre les personnes qui ne sont que civilement responsables de l'infraction (1).

En troisième lieu, tous les actes qui interrompent l'action publique, interrompent aussi l'action civile. Il en est de même pour les actes de suspension.

En quatrième lieu, lorsque l'action civile survit, dans certains cas que nous avons examinés à l'action publique, elle demeure soumise aux règles établies par la loi pour la prescription de l'action publique.

(1) Civ. 13 décembre 1898. S. 1899, 1-25.

Il est aussi de principe que l'action civile est le seul droit de la partie lésée qui soit éteint par la prescription de l'action publique.

Cela mérite quelques explications. Comme conséquence de la formule donnée ci-dessus, la prescription criminelle éteint uniquement *le droit d'agir en justice* appartenant à la personne lésée du fait de l'infraction, c'est-à-dire que cette dernière ne peut plus se porter demanderesse en réparation ; mais elle conserve néanmoins le droit d'invoquer l'existence de l'infraction comme moyen de défense.

On dit, dans ce cas, que la partie lésée ne peut plus invoquer l'infraction par voie d'action, mais qu'elle peut toujours l'invoquer *par voie d'exception*.

Une deuxième conséquence du principe exposé ci-dessus, c'est que pour que le droit de demander la réparation civile du préjudice causé par un fait soit éteint en même temps que l'action publique, il est indispensable que ce fait soit une infraction à la loi pénale.

Ainsi s'il a été jugé devant la justice répressive que le fait dont se plaint la partie lésée ne relève pas de la loi pénale, le droit d'agir civilement, quant à ce fait, subsiste entièrement et s'il est reconnu qu'il tombe sous la disposition générale de l'article 1382 du Code civil comme fait injuste et dommageable, la partie lésée bénéficie de la prescription trentenaire prévue par le droit civil.

La prescription du droit criminel ne s'applique pas non plus aux actions qui ont une cause autre que l'infraction. Par exemple, X... a dissipé une somme de 20.000 francs que lui avait confié Y... L'action civile née de l'abus de confiance ne peut durer que trois ans (art. 408 Code pénal) ; mais Y... peut réclamer la restitution de son argent pendant trente ans, en se basant sur l'action née du contrat de dépôt.

Pour résumer ce qui précède, on peut dire que la prescription abrégée du droit criminel n'est pas applicable toutes les fois qu'il existe entre l'auteur du dommage et la partie lésée un rapport de droit, autre que l'obligation née de l'infraction dommageable.

CHAPITRE IV

PROCÉDURE DE L'INSTRUCTION

L'instruction préparatoire, désignée dans la pratique sous le nom *d'information* a pour but, lorsqu'un crime ou un délit a été commis :

De faire constater par une juridiction d'instruction, l'existence du crime ou du délit ;

De faire déterminer par cette même juridiction quel est l'individu sur qui pèsent les charges suffisantes pour le traduire en jugement.

L'instruction préparatoire est obligatoire pour les crimes, facultative ou possible pour les délits. Elle n'a lieu, dans aucun cas, pour les simples contraventions.

La juridiction d'instruction de premier degré pour les délits non flagrants est le Juge d'instruction, celle du second degré est la Chambre des mises en accusation.

§ 1. — Instruction par le Juge d'instruction

a) **Caractères de l'instruction.** — 1° L'instruction est *écrite*, c'est-à-dire que toute opération paite par le Juge d'instruction, doit être mentionnée sur un procès-verbal et c'est sur l'ensemble des procès-verbaux que sera rendue la décision qui interviendra à la fin de l'instruction.

2° La procédure est *secrète*, c'est-à-dire que le public ne peut assister aux opérations du Juge d'instruction.

3° Le Juge d'instruction a toute latitude au sujet de son information et il la dirige comme il l'entend.

Ce dernier principe comporte un certain nombre de restrictions qu'il convient de développer.

Une première résulte du rôle du Ministère public dans l'instruction. Le Ministère public ne peut, par lui-même accomplir aucun acte d'instruction ; mais il n'en est pas moins vrai que le Procureur de la République a le droit de surveiller l'instruction en cours. L'exercice de ce droit l'autorise à se faire communiquer à toute époque les pièces de la procédure (art. 61 du Code). Il peut même demander au Juge d'instruction l'emploi de mesures d'instruction qui lui paraissent opportunes. En cas de refus du juge, qui doit le motiver par ordonnance, le Procureur peut, d'après l'article 135, alinéa 1, porter appel devant la Chambre des mises en accusation. En outre, lorsque l'instruction est terminée, le Procureur de la République est appelé à donner, sous forme de réquisitions, son avis sur la suite à donner à la procédure. Le Juge d'instruction conserve son indépendance et n'est nullement obligé de se ranger à l'avis du Procureur ; ce dernier de son côté, conserve le droit de déférer la décision de clôture à la Chambre des mises en accusation.

Tout ce qui précède concerne les moyens dont dispose le Ministère public pour attaquer. Quelle est, en regard, la situation de l'inculpé ?

1° L'instruction n'est pas contradictoire, c'est-à-dire que l'inculpé n'a pas la faculté d'employer et de faire valoir les moyens de preuve qu'il lui plaît. Il reste soumis à la décision du Juge d'instruction, notamment pour ce qui concerne l'audition des témoins. Ainsi, il peut demander au juge d'entendre un témoin, mais le juge ne l'entendra que s'il le veut bien.

2° L'inculpé n'a à sa disposition l'exercice d'aucune voie de recours contre les décisions du Juge d'instruction.

3° Le Code d'instruction criminelle ne l'autorisait pas à être assisté d'un défenseur.

La loi du 8 décembre 1897, inspirée par une idée humanitaire, dont le but a été de donner plus de garanties tant à l'inculpé qu'au condamné, a autorisé l'inculpé à avoir un défenseur au cours de l'instruction ; ce n'est pas d'ailleurs une obligation pour l'inculpé, c'est une simple faculté.

C'est dans ce droit de l'inculpé d'avoir un défenseur, que nous trouvons une deuxième catégorie de restrictions au principe posé plus haut de la latitude laissée au Juge d'instruction pour diriger son information. Vis-à-vis du défenseur, la loi impose au juge de multiples obligations, qui ont pour but de permettre à ce défenseur de remplir efficacement son rôle.

Par contre, au cours de l'information, le Juge d'instruction dispose de pouvoirs qui sont la contradiction avec les principes généraux du droit public.

Le principe de l'inviolabilité du domicile, pendant le jour, n'existe pas pour lui. Il a le droit pendant le jour de pénétrer où il veut et chez qui il veut pour toutes les recherches qui lui paraissent utiles.

Il dispose aussi du droit, contrairement au principe de l'inviolabilité de la propriété, de saisir tous les objets qui lui paraissent devoir aider à la manifestation de la vérité, quelle que soit la personne à qui appartiennent les dits objets.

Enfin le Juge d'instruction n'est pas soumis au principe de l'inviolabilité de la liberté individuelle. Il a le droit de faire appel à la force publique pour contraindre les témoins et l'inculpé à comparaître devant lui. Il peut même avoir recours contre l'inculpé, s'il le juge convenable, à la détention préventive.

b) **De la saisine du Juge d'instruction.** — La règle est la suivante. Le Juge d'instruction, en cas de crime ou de délit non flagrant ne peut, en aucun cas, se saisir d'office. Il faut pour qu'il puisse commencer l'instruction qu'il soit régulièrement saisi du crime ou du délit.

La saisine du Juge d'instruction peut avoir lieu de deux façons :

Par le réquisitoire à fin d'informer, que lui adresse le Procureur de la République ;

Par la plainte de la partie lésée avec constitution de partie civile.

Les réquisitoires ou plainte avec constitution de partie civile peuvent être établis contre inconnu ou contre un individu dénommé.

De toute façon, le Juge d'instruction est saisi *in rem* et non *in personam*, c'est-à-dire qu'il est saisi pour tel crime ou tel délit et que l'indication d'une personne n'est pour lui qu'un simple renseignement. Il peut toujours inculper un individu quel qu'il soit qui lui paraîtra, au cours de son instruction, devoir être soupçonné.

L'impossibilité où le Juge d'instruction se trouve de se saisir d'office d'un crime ou d'un délit, a pour conséquence de l'empêcher d'accomplir un acte d'instruction, quel qu'il soit, avant d'avoir été régulièrement saisi d'après les modalités indiquées ci-dessus; mais cela ne l'empêche pas d'exercer les droits qu'il a comme officier de police judiciaire et, en cette qualité, il peut évidemment constater les crimes et délits qui sont à sa connaissance, en aviser le Procureur de la République par une dénonciation officielle (art. 29 du Code d'instruction criminelle).

c) **Des divers actes d'instruction.** — Nous avons vu, au début du présent chapitre, que les actes d'instruction ont pour but de faire constater par la juridiction compétente un crime ou un délit et de faire déterminer par cette juridiction quel est le coupable.

Ces actes sont des actes de recherche dont la conclusion peut amener la détention préventive de l'individu soupçonné. Nous allons étudier successivement les actes de recherche et la détention préventive.

A. **Des actes de recherche.** — Les actes de recherche comprennent *les constatations matérielles, l'audition des témoins, l'interrogatoire de l'inculpé.*

I. Constatations ou réunions des moyens matériels de preuve. — Les constations sont faites par le Juge d'instruction en se transportant sur les lieux, accompagné du Procureur de la République et par un greffier (art. 62).

Pour les perquisitions à domicile, à l'effet d'y découvrir tous les papiers et objets qui peuvent servir à la manifestation de la vérité.

Par les saisie des dits papiers ou objets (*pièces à conviction*).

Par les expertises (expertises médico-légales ou expertises de chimistes, etc.) (1).

II. De l'audition des témoins. — L'article 71 du Code d'instruction criminelle permet au Juge d'instruction d'entendre tous les témoins qu'il lui plait, même les plus proches parents de l'inculpé. Et les témoins désignés, soit par le Ministère public, soit par l'inculpé, ne lui servent qu'à titre indicatif.

D'après l'article 72, la convocation des témoins se fait par huissier ou par un agent de la force publique.

Sous peine d'amende, d'après l'article 80, les témoins doivent comparaître, prêter serment et déposer (2).

Nous avons vu que le Juge d'instruction peut décerner contre les témoins un mandat d'amener.

L'audition des témoins s'opère de la manière suivante : Le témoin prête serment, il décline ensuite ses nom, prénoms et qualité (art. 75) ; enfin, il fait sa déposition.

---

(1) L'expert doit prêter « le serment de faire son rapport et de donner son avis en son âme et conscience. » (Art. 44).

(2) L'obligation de déposer ne s'applique pas aux personnes tenues du secret professionnel (art. 378, Code pénal).

Les enfants au-dessous de 15 ans ne sont pas soumis à la prestation de serment (art. 79).

En principe, les témoins sont entendus séparément et hors la présence du prévenu, mais rien n'empêche le Juge d'instruction, lorsque l'audition est commencée de confronter un témoin avec l'inculpé ou avec un autre témoin.

La procédure étant écrite, il est établi par le greffier, sous la dictée du Juge d'instruction, un procès-verbal de la déposition, procès-verbal qui est ensuite lu au témoin, puis signé par lui, le Juge d'instruction et le greffier.

III. De l'interrogatoire de l'inculpé. — Pour exposer clairement les questions relatives à l'interrogatoire de l'inculpé, il convient d'étudier successivement, le mandat de comparution et d'amener, la première comparution du prévenu, le conseil ou défenseur de l'inculpé.

1° *Mandat de comparution et mandat d'amener.* — Le mandat a pour objet de faire comparaître l'inculpé devant le Juge d'instruction.

Le mandat de comparaître est un ordre du Juge d'instruction, enjoignant à tous huissiers ou agents de la force publique, de citer l'inculpé devant lui aux jour et heure indiqués. Il n'indique pas le motif de la comparution.

Le mandat d'amener est un ordre du Juge d'instruction, enjoignant à tous huissiers ou officiers de la force publique, d'amener devant lui un inculpé pour qu'il soit entendu au sujet de l'inculpation dont il est l'objet. C'est un ordre immédiat et en cas de résistance, la force public doit intervenir contre l'inculpé (art. 99).

Tous les mandats, de comparution ou d'amener, doivent contenir les noms, prénoms, profession et domicile de l'inculpé (art. 95 et 96).

Ils sont exécutoires dans toute la France (art. 98).

Ils sont décernés par le Juge d'instruction et exécutés par le Procureur de la République.

Enfin, d'après l'article 97, ils sont notifiés à l'inculpé par huissier ou par un agent de la force publique et il en est laissé copie au prévenu.

2° *Première comparution du prévenu.* — La règle édictée par l'article 93, alinéa 1 du Code, est que le Juge d'instruction doit procéder à la première comparution aux jours et heures indiqués sur le mandat de comparution.

Pour le mandat d'amener, l'inculpé est conduit en prison et la première comparution doit avoir lieu dans les vingt-quatre heures, sinon le prévenu doit être remis en liberté (art. 93, alinéas 2, 3 et 4).

Le Juge d'instruction a le choix entre le mandat de comparution et d'amener. Toutefois s'il y a eu un premier mandat de comparution, un deuxième n'est pas possible et le Juge doit avoir recours au mandat d'amener (art. 91, alinéa 2).

L'article 3 de la loi du 8 décembre 1897 définit exactement ce qui doit se passer, lors de la première comparution : interrogatoire d'identité, indication par le Juge des faits imputés au prévenu, déclarations facultatives de l'inculpé que le Juge doit recueillir sans interrogatoire, mise en liberté de l'inculpé si ses déclarations prouvent irréfutablement son innocence, avis à l'inculpé de son droit à l'assistance d'un Conseil, si l'inculpation est maintenue.

Le Juge d'instruction n'est pas tenu à la première comparution dans deux cas :

Lorsqu'il y a urgence résultant de l'état d'un témoin en danger de mort ou de l'existence d'indices sur le point de disparaître.

Lorsqu'il y a flagrant délit et que le Juge d'instruction s'est transporté sur les lieux (art. 7 de la loi du 8 décembre 1897). Il peut alors interroger ou confronter l'inculpé sans aucun préliminaire.

Nous venons de voir que la dernière formalité de la première comparution consiste pour le Juge d'instruction à donner avis à l'inculpé qu'il a droit à l'assistance d'un Conseil. Si l'inculpé réclame ce Conseil, le Juge d'instruction doit le faire nommer sans délai, ne procéder à aucun interrogatoire ni confrontation sans avoir avisé le Conseil ou sans avoir, dès la veille, mis la procédure à sa disposition. Il doit également lui donner connaissance des ordonnances rendues au cours de l'instruction.

3° *Conseil ou défenseur du prévenu.* — Il peut être choisi par l'inculpé lui-même :

Si, au contraire, l'inculpé en demande un d'office, il appartient au juge d'instruction de le faire désigner par le bâtonnier de l'Ordre des avocats ou par le Président du Tribunal (art. 3, alinéa 3 de la loi du 8 décembre 1897).

Dès que le défenseur est nommé, il peut communiquer avec son client, même si celui-ci est en détention préventive et soumis au régime de l'interdiction de communiquer.

L'article 9, alinéa 2, de la loi de 1897 porte que « l'inculpé ne peut être interrogé ou confronté qu'en présence de son Conseil, ou lui dûment appelé ». Le Juge d'instruction doit donc convoquer le défenseur, mais cette formalité remplie, il peut interroger ou confronter si ledit défenseur fait défaut.

Le rôle du Conseil consiste seulement à assister aux interrogations et aux confrontations, mais il ne peut intervenir ni prendre la parole sans l'autorisation du Juge (art. 9, alinéa 3).

C'est l'article 10, alinéa 1, qui oblige le Juge d'instruction à mettre la procédure à la disposition du Conseil la veille de chaque interrogatoire.

Enfin l'alinéa 2 du même article dispose « qu'il doit être immédiatement donné » connaissance de toute ordonnance du Juge, par l'intermédiaire du greffier ». Il faut entendre par là les ordonnances rendues par le Juge d'instruction en tant que juge et non pas en qualité d'officier de police judiciaire ; c'est du moins l'interprétation de la Cour de cassation.

Toutes les règles que nous venons d'énumérer sont sanctionnées par une nullité prévue à l'article 12 de la loi de 1897. Nous étudierons cette question dans un paragraphe spécial.

Pour en terminer avec la question des recherches, il convient d'observer que la loi ne pouvait exiger que le Juge d'instruction fît personnellement tous les actes de recherches. Il a donc le droit, au moyen de *Commissions rogatoires* de déléguer ses pouvoirs pour l'audition des témoins, les perquisitions et même pour l'interrogatoire de l'inculpé, dans des cas déterminés, à un autre Juge d'instruction, à un Juge de paix ou à des Commissaires aux délégations judiciaires. (1)

B. Détention préventive. — Le Juge d'instruction, en vertu de ses pouvoirs, peut ordonner la détention préventive, qui est un emprisonnement de garde.

Il a la faculté de mettre l'inculpé en état de détention préventive, mais ce n'est pas pour lui une obligation. Il a un pouvoir souverain d'appréciation (art. 94, alinéa 1).

Le même article dispose que le juge ne peut avoir recours à la détention, que lorsque le fait qui est imputé à l'inculpé « comporte la peine de l'emprisonnement ou une autre » peine plus grave ».

La détention préventive n'existe donc que pour les crimes ou les délits passibles d'emprisonnement. En cas de délits passibles seulement d'amendes ou en cas de contraventions, la détention préventive n'est pas prévue.

Il faut distinguer, pour connaître le moment où le Juge d'instruction peut ordonner la détention préventive :

Si l'inculpé n'est pas en fuite, la détention n'est possible qu'après la première comparution.

S'il est en fuite, la détention est possible dès son arrestation, car il pèse évidemment sur lui de lourdes charges de culpabilité.

Le Juge d'instruction a, à sa disposition, deux moyens prévus à l'article 91 pour ordonner la détention préventive : le *mandat de dépôt* et le *mandat d'arrêt*.

Comme tous les mandats, les mandats de dépôt et d'arrêt doivent nommer l'inculpé ou donner son signalement ; ils sont exécutoires pour toute la France ; ils sont décernés par le Juge d'instruction et exécutés par le Procureur de la République ; ils sont notifiés à l'inculpé par un huissier ou un agent de la force publique.

Il y a entre les deux mandats des différences fondamentales.

Le mandat d'arrêt ne peut être décerné qu'après un dépôt de conclusions par le Procureur de la République (art. 94, 2e alinéa).

Le mandat de dépôt ne contient pas obligatoirement l'énonciation du fait pour lequel il est décerné. Le mandat d'arrêt doit contenir « l'énonciation du fait ... et la citation de » la loi qui déclare que ce fait est un crime ou un délit » (art. 96).

L'exécution du mandat d'arrêt donne, à l'officier qui y procède, droit à une rémunération pour la capture de l'inculpé.

Rien de semblable n'existe pour le mandat de dépôt.

Enfin le Procureur de la République peut, dans certains cas, décerner un mandat de dépôt, mais il ne peut jamais décerner un mandat d'arrêt.

Le Juge d'instruction a le choix entre les deux sortes de mandats. En principe, il a recours au mandat de dépôt, lorsqu'il a l'inculpé sous la main. Si l'inculpé est en fuite, il utilise le mandat d'arrêt.

Un cas très intéressant est celui de la substitution du mandat d'arrêt au mandat

(1) Commissaires de police des grandes villes en général.

d'amener. Supposons qu'il y ait un simple mandat d'amener contre un inculpé : celui-ci prend la fuite avant de comparaître. Le Juge d'instruction, s'il s'agit, bien entendu, d'un fait passible au moins de l'emprisonnement, décerne alors contre lui un mandat d'arrêt.

Les conséquences de cette substitution sont, pour l'inculpé, très importantes au point de vue juridique. Le juge notamment n'est plus tenu envers lui à la première comparution prévue à l'article 93. En outre, il ne bénéficie plus des dispositions des articles 4, 5 et 6 de la loi de 1897, visant le transfèrement de l'inculpé à la prison de l'arrondissement du siège d'instruction.

Régime de la détention préventive. — La détention préventive, d'après la loi du 5 juin 1875, article 1er, est exécutée dans les prisons de courtes peines. Les inculpés doivent en principe, être soumis à l'emprisonnement individuel ; mais, dans la pratique, dans les petites prisons où il n'existe pas de cellules, les inculpés en simple détention préventive sont souvent obligés de subir l'emprisonnement en commun avec des condamnés.

De toute façon, l'inculpé en détention préventive bénéficie d'un régime exceptionnel. Notamment, il peut recevoir des visites, écrire des lettres, acheter des vivres supplémentaires. Il n'est pas soumis à l'obligation du travail.

Cependant, le Juge d'instruction a la faculté, s'il le juge opportun, d'aggraver le régime par une ordonnance *d'interdiction de communiquer*. Cette mesure, applicable pour une période de dix jours, n'est renouvelable qu'une fois. Donc, au cours d'une instruction, l'interdiction de communiquer n'embrasse pas une période supérieure à vingt jours.

L'interdiction de communiquer n'est applicable qu'aux détenus qui subissent l'emprisonnement en commun. Le détenu qui subit le régime cellulaire ne peut y être astreint (art. 61, alinéa 3 du Code ; art. 8 de la loi du 8 décembre 1897).

La durée de la détention préventive dépend, en principe, de la volonté du Juge d'instruction.

Il y a un cas toutefois où la détention préventive ne doit pas excéder cinq jours après l'interrogatoire du prévenu. C'est celui prévu par l'article 113 du Code. Les conditions suivantes doivent être réunies :

1° L'inculpé a un domicile fixe ;

2° Il n'a pas de condamnation antérieure pour crime ni subi un emprisonnement de plus d'une année ;

3° Le maximum de la peine qui lui est applicable est inférieure à deux ans d'emprisonnement.

Mise en liberté provisoire. — Le Juge d'instruction, s'il estime qu'il n'y a pas lieu de prolonger la détention préventive, peut accorder à l'inculpé la mise en liberté provisoire, au moyen de la mainlevée du mandat de dépôt ou du mandat d'arrêt. Mais encore faut-il qu'elle soit demandée par le Ministère public ou par l'inculpé. Le Juge d'instruction ne peut donc mettre d'office le détenu en état de liberté provisoire.

La liberté provisoire est essentiellement conditionnelle et révocable.

L'article 115, alinéa 1, autorise le Juge d'instruction, si les circonstances le demandent, à décerner un nouveau mandat d'amener, d'arrêt ou de dépôt.

D'après l'article 94-3° et l'article 113-1er, elle n'est accordée « qu'à la charge par l'inculpé, » de se représenter à tous les actes de la procédure et pour l'exécution du jugement » aussitôt qu'il en sera requis ».

Le Juge d'instruction peut subordonner sur consentement à la liberté provisoire, à l'existence d'un cautionnement dont il fixe le montant à son gré (art. 114 et 120 du Code).

d) **Clôture** de l'instruction. — Lorsque l'instruction est terminée, c'est-à-dire lorsque le Juge d'instruction estime qu'il a réuni tous les éléments de l'information, il rend une *ordonnance de soit communiqué*. L'ordonnance est ainsi appelée parce qu'elle doit être communiquée, ainsi que toutes les pièces de la procédure, au Procureur de la République. L'article 127 du Code dit, en effet : « Aussitôt que la procédure sera terminée, le Juge » d'instruction la communiquera au Procureur de la République, qui devra lui adresser » ses réquisitions dans les trois jours au plus tard ».

Le Procureur de la République, après examen, peut former appel contre l'ordonnance du juge, s'il estime que l'instruction n'est pas complète. Il le fait au moyen de l'opposition devant la Chambre des mises en accusation.

S'il considère, au contraire, qu'il n'y a pas lieu de procéder à un supplément d'information, il adresse au Juge d'instruction *un réquisitoire définitif*, dans ce réquisitoire, il donne son avis motivé sur la décision à prendre.

Cette décision peut comporter deux solutions : la demande de *non-lieu* ou *la mise en prévention*.

Le réquisitoire du Procureur de la République conclut au non-lieu, *lorsque les preuves de la culpabilité ne sont pas établies*, *ou si le fait incriminé n'est pas une infraction à la loi pénale*, ou enfin, *parce qu'il y a amnistie ou prescription*.

Le réquisitoire demande au contraire la mise en prévention, *lorsque le Procureur de la République considère que la preuve de la culpabilité paraît faite par l'infraction, et qu'il y a lieu par suite de traduire l'inculpé devant une juridiction de jugement*.

Le Juge d'instruction n'est pas lié par le réquisitoire définitif et il rend son ordonnance en toute indépendance.

Si le juge rend une ordonnance de non-lieu, la conséquence est la mise en liberté du prévenu, s'il est en détention préventive. L'affaire est classée et il ne peut y avoir poursuite devant une juridiction de jugement.

Les ordonnances de non-lieu peuvent être motivées en droit ou motivées en fait.

L'ordonnance est *motivée en droit*, lorsque pour une raison juridique, il n'y a pas lieu à poursuite (prescription, amnistie, etc.)

Elle est *motivée en fait*, lorsque la preuve de la culpabilité ne paraît pas suffisamment établie au juge, pour permettre la poursuite devant une juridiction de jugement.

Les *ordonnances de mise en prévention* se résument à trois.

Ordonnance de renvoi en simple police, pour les contraventions. Cette ordonnance entraîne la mise en liberté de l'inculpé s'il est en détention préventive (art. 129).

Ordonnance de renvoi en police correctionnelle, pour les délits. Elle entraîne la mise en liberté du prévenu si le délit ne comporte pas la peine de l'emprisonnement. Dans le cas contraire, le Juge d'instruction ne doit pas l'accorder.

En cas de renvoi en simple police ou en police correctionnelle, les pièces du dossier doivent être envoyées au greffe du Tribunal de simple police ou au greffe du Tribunal correctionnel, et la période d'instruction est définitivement terminée.

Reste enfin l'*ordonnance de transmission au Procureur général*. Il faut, pour qu'elle soit rendue, qu'il y ait présomption de crime suffisamment établie à la charge de l'inculpé.

L'ordonnance une fois rendue, le Juge d'instruction n'a plus le pouvoir d'accorder la mise en liberté, même provisoire. La Chambre des mises en accusation devient seule compétente pour accorder la liberté provisoire le cas échéant (art. 134, alinéa 1 et art. 116, alinéa 1). C'est, en effet, la Chambre des mises en accusation qui se trouve saisie de l'affaire par les soins du Procureur général (articles 133 et 217).

L'instruction va donc, dans ce cas, contrairement à ce qui se passe pour les renvois en simple police ou en police correctionnelle, se poursuivre, et elle se continuera devant la Chambre des mises en accusation.

Avant d'étudier le fonctionnement de la Chambre des mises en accusation, nous allons examiner les conséquences de l'inobservation des règles posées par la loi du 8 décembre 1897, concernant la première comparution de l'inculpé et l'assistance du Conseil, points importants.

Loi du 8 décembre 1897 ; conséquences de l'inobservation des règles relatives à la première comparution de l'inculpé et à l'assistance du Conseil. — Nous n'avons pas à revenir sur les motifs qui ont guidé le législateur dans le vote de la loi de 1897. Nous n'avons pas non plus à insister de nouveau sur la faculté qui est donnée à l'inculpé de demander un Conseil dès la première comparution, sur la nomination du Conseil, sur son droit d'être convoqué aux interrogatoires et confrontations et d'y assister. Nous nous contenterons donc d'indiquer, ici, les conséquences de la non observation des règles posées par la loi de 1897.

a) **Cas de nullité.** — Il y a *nullité de l'acte du Juge d'instruction* et, en outre, *nullité de la procédure ultérieure* (art. 12 de la loi de 1897) :

1° Lorsque, conformément à l'article 3, alinéa 1, le Juge d'instruction n'avertit pas l'inculpé, lors de la première comparution, qu'il n'est pas tenu de faire de déclarations ;

2° Lorsque le Juge d'instruction ne mentionne pas, dans le procès-verbal, qu'il a donné l'avertissement utile à l'inculpé (art. 3, alinéa 2) ;

3° Lorsque le Juge d'instruction n'observe pas l'article 9, alinéa 2, qui l'oblige à ne pas interroger ou confronter l'inculpé hors la présence de son Conseil, dûment convoqué ;

4° Lorsque la procédure n'a pas été mise à la disposition du Conseil la veille de chaque interrogatoire (art. 10, alinéa 1) ;

5° Lorsque toute ordonnance juridictionnelle du Juge d'instruction n'est pas portée immédiatement à la connaissance du Conseil (art. 10, alinéa 2).

L'inobservation des règles qui précèdent entraine *expressément* la nullité.

Il est encore d'autres règles, dont l'inobservation n'est pas entachée de nullité par des textes, mais qui, néanmoins, l'entraînent forcément, car elles sont essentielles pour que le but de la loi soit atteint.

C'est, ainsi que la Cour de cassation a jugé (1), que la première comparution est entachée d'une nullité substantielle, lorsque le Juge d'instruction, lors de cette première comparution, omet d'aviser l'inculpé qu'il a droit à l'assistance d'un Conseil pendant l'information.

b) **Effets de la nullité.** — Les règles de la loi de 1897 ont été établies en faveur de l'inculpé. La nullité résultant de leur non observation n'est donc pas une nullité d'ordre public, mais une nullité seulement relative et, comme conséquences :

L'inculpé a la faculté d'y renoncer. (Il est admis qu'il doit y avoir renonciation *expresse*) ;

L'inculpé a seul qualité pour se prévaloir de la nullité ;

Enfin, l'inculpé ne peut s'en prévaloir qu'à certains moments et devant certaines juridictions. Il ne peut, notamment, invoquer la nullité que devant la Chambre des mises en accusation, saisie de l'instruction.

Que fera alors la Chambre des mises en accusation ? Si elle admet le moyen invoqué elle pourra ordonner au Juge d'instruction de recommencer l'acte nul et les actes qui l'ont suivi ; ou encore, elle chargera un de ses membres de procéder à l'information.

Si la Cour n'admet pas le moyen, l'inculpé a le droit de se pourvoir en cassation.

En matière correctionnelle, l'inculpé peut se prévaloir de la nullité résultant de l'inobservation des règles de la loi de 1897, devant le Tribunal correctionnel ou devant la Chambre des appels correctionnels.

Il ne peut le faire en matière criminelle devant une juridiction de jugement. En effet, une fois que l'arrêt de mise en accusation a acquis l'autorité de chose jugée, il n'a plus le droit de se prévaloir de la nullité de l'instruction préparatoire, la nullité se trouvant alors couverte.

c) **Moyen de réparer la nullité.** — Lorsque le Juge d'instruction est encore saisi de l'instruction, trois moyens sont possibles pour réparer la nullité.

1° Un premier moyen pour le juge consiste à déclarer à l'inculpé, au cours de l'interrogatoire, qu'un acte est irrégulier et à lui demander s'il renonce expressément à se prévaloir de la nullité.

Si l'inculpé y consent, le juge constate la renonciation dans le procès-verbal et la nullité est couverte.

Mais l'inculpé peut ne pas consentir à une renonciation expresse.

2° L'inculpé ne consent pas ? Le Juge d'instruction prononcera la nullité de l'acte irrégulier et il le refera régulièrement.

---

(1) Crim. 4 février 1898. S. 1900, 1-58.

Encore faut-il distinguer. Si l'acte irrégulier a été commis par un officier de police judiciaire dépendant du Juge d'instruction, rien ne s'oppose à ce que le Juge d'instruction prononce la nullité de l'acte et à ce qu'il le recommence.

Mais si l'irrégularité est de son fait, il n'a pas le pouvoir de l'annuler lui-même et le Procurer de la République n'a pas non plus qualité pour déférer l'acte en question à la Chambre des mises en accusation, afin qu'elle en prononce la nullité.

C'est alors que se présente le troisième moyen.

3° Le Juge d'instruction qui découvre l'acte irrégulier entraînant la nullité, rend une ordonnance de soit communiqué, comme si l'instruction était terminée. Le Procureur frappe l'ordonnance d'opposition devant la Chambre des mises en accusation. Cette dernière prononce la nullité de l'acte irrégulier et l'acte nul est recommencé, soit par le Juge d'instruction, soit par un membre de la Chambre (art. 235).

§ 2. — Rôle de la Chambre des mises en accusation

D'après l'article 217, alinéa 1, du Code d'instruction criminelle, la Chambre des mises en accusation est saisie par le Procureur général, après qu'il a reçu les pièces qui lui ont été envoyées en exécution de l'ordonnance de transmission.

Elle est saisie évidemment du fait retenu par le Juge d'instruction dans son ordonnance de transmission, mais sa compétence ne se borne pas là. « Elle statue, à l'égard de » chacun des prévenus renvoyés devant elle, sur tous les chefs de crimes, de délits ou de » contraventions résultant de la procédure » (art. 291-2°).

Toute la procédure de la Chambre des mises en accusation se fait à huis clos. Et ce qui la caractérise, c'est qu'elle juge sur pièces. Elle n'entend ni le prévenu, ni les témoins, ni la partie civile. L'article 229 dit, en effet : « La partie civile, le prévenu, les témoins ne » paraîtront pas ».

Elle juge donc sur pièces :

Pièces transmises au Procureur général par le Juge d'instruction ;

Mémoires de la partie civile et du prévenu (art. 217, alinéa 2) ;

Rapport du Procureur général.

La lecture de toutes les pièces du procès lui est faite par le greffier, en présence du Procureur général (art. 222).

La lecture terminée, le Procureur général se retire, ainsi que le greffier et « les » juges délibèrent entre eux sans désemparer et sans communiquer avec personne » (art. 225).

Il nous reste à parler des arrêts de la Chambre des mises en accusation. Il faut les diviser *en arrêts qui terminent l'instruction et en arrêt de plus ample informé*.

a) **Arrêts qui terminent l'instruction, arrêt de non-lieu, arrêts de renvoi.** — Il y a arrêt de non-lieu, lorsque la Chambre des mises en accusation estime qu'il convient de ne pas traduire l'inculpé en jugement (art. 229). Il peut y avoir arrêt de non-lieu motivé *en droit* ou arrêt de non-lieu motivé *en fait* (art. 229).

L'arrêt de non-lieu a pour conséquence la mise en liberté immédiate du prévenu s'il est en détention préventive.

La Chambre des mises en accusation remet, au contraire, un arrêt de renvoi, si elle juge suffisamment établie à la charge de l'inculpé la prévention de l'infraction qui lui est reprochée.

Si elle juge qu'il y a contravention, elle remet un arrêt de renvoi devant le Tribunal correctionnel.

Enfin, si elle juge qu'il y a crime, elle remet un arrêt de renvoi devant la Cour d'assises. Dans ce dernier cas, l'inculpé devient un accusé.

Il n'y a pas lieu d'insister longuement sur les effets des arrêts de renvoi devant le Tribunal de simple police et devant le Tribunal correctionnel.

Tout d'abord, en ce qui concerne la détention, s'il s'agit d'une simple contravention, le prévenu est remis en liberté ; s'il s'agit au contraire d'un délit pouvant comporter la peine de l'emprisonnement, la détention provisoire est maintenue.

Conformément à l'article 132, le prévenu est cité devant les tribunaux de simple police ou correctionnels, après l'arrêt de renvoi. Cet arrêt n'est pas attributif, mais simplement *indicatif de compétence*. Cela revient à dire que le tribunal, devant lequel la Chambre des mises en accusation a renvoyé le prévenu, doit vérifier sa compétence et, le cas échéant, refuser de statuer s'il s'estime incompétent.

Il convient d'insister davantage sur les effets de l'arrêt de mise en accusation.

Ils sont relatifs :

A la détention préventive ;

A l'obligation où se trouve la Procureur général de mettre l'affaire en état d'être jugée ;

A l'obligation pour le Président des assises de procéder à un interrogatoire de l'accusé, ou encore de rendre une ordonnance de contumace ;

Enfin à la compétence de la Cour d'assises.

1° Détention préventive. — D'après l'article 126, elle est maintenue, si l'inculpé s'y trouve déjà, ou elle est ordonnée dans le cas contraire. Cela résulte de ce que l'arrêt de mise en accusation doit contenir une ordonnance de prise de corps.

2° Obligations du Procureur général. — Le Procureur général doit mettre l'affaire en état d'être jugée. A cet effet, il est tenu de *rédiger un acte d'accusation avec exposé et résumé* (art. 241) ; *de faire signifier à l'accusé l'arrêt de mise en accusation et l'acte d'accusation* (art. 242) ; *de transmettre au greffe de la Cour d'assises toutes les pièces du procès et toutes les pièces à conviction* (art. 291).

Ces trois obligations sont essentielles dans tous les cas. En outre, lorsque l'accusé est déjà détenu, il doit, aux termes de l'article 292-2°, le faire transférer « dans la maison de » justice du lieu où doivent se tenir les assises » ; lui faire délivrer une copie des procès-verbaux constatant l'infraction et les déclarations des témoins (art. 305) ; lui faire signifier la liste des témoins (art. 315) ; lui faire notifier la liste des jurés (art. 395).

3° Interrogatoire de l'accusé par le Président des assises. — D'après les articles 266 et 293, le Président des assises doit procéder à l'interrogatoire l'accusé « vingt-quatre » heures au plus tard après son arrivée dans la maison de justice » (1).

Au cours de cet interrogatoire, le magistrat doit demander à l'accusé, quel est le Conseil qu'il a choisi pour l'assister. A défaut de déclaration de l'accusé, un Conseil doit lui être désigné d'office, et cela d'après l'article 295, « à peine de nullité de tout ce qui » suivra ».

Le magistrat doit, en outre, avertir l'accusé qu'il a cinq jours pour se pourvoir en cassation (1).

Un procès-verbal de l'interrogatoire, écrit par le greffier et dicté par le Juge est établi, conformément aux dispositions de l'article 296, alinéa 2.

4° Compétence de la Cour d'assises. — L'arrêt de renvoi devant la Cour d'assises est attributif de compétence. Par suite, la Cour d'assises n'a pas à se préoccuper de la question de savoir si la Chambre des mises en accusation a observé les règles de compétence, *ratione materiæ* et *ratione loci*.

Les arrêts de renvoi ne sont définitifs, que lorsqu'un pourvoi en cassation n'est plus possible.

Arrêt de plus ample informé. — Lorsque la Chambre des mises en accusation estime que l'instruction est insuffisante, elle rend un arrêt de plus ample informé (art. 235).

La Chambre des mises en accusation peut faire informer, c'est alors le Juge d'instruction qui procède au complément d'instruction.

Elle peut aussi informer et invoquer l'affaire elle-même ; c'est alors un de ses membres qui fait le nécessaire.

Signalons, enfin, en ce qui concerne les ordonnances et arrêts de non-lieu, qu'ils ne sont rendus « qu'en l'état actuel des charges », si donc, il y a de *nouvelles charges*, une nouvelle information est possible.

Il faut entendre par nouvelle charge, une charge qui n'a commencé à exister que depuis le non-lieu et qui ne pouvait, par suite, être soumise à l'examen de la juridiction d'instruction avant l'adoption du non-lieu (art. 247).

Il est procédé à l'instruction sur nouvelles charges, conformément aux prescriptions de l'article 248.

§ 3. — Crimes et délits flagrants

Pour préciser ce qu'il faut entendre par *crimes et délits flagrants*, il faut se reporter à l'article 41 du Code d'instruction criminelle :

« Le délit qui se commet actuellement ou qui vient de se commettre est un flagrant » délit. Seront aussi réputés flagrant délit, le cas où le prévenu est poursuivi par la

(1) Il peut déléguer un juge ou être suppléé par le Président du Tribunal de première instance.

(2) Le délai de cinq jours a pour point de départ le jour de l'interrogatoire.

» clameur publique et celui où le prévenu est trouvé saisi d'effets, armes, instruments ou » papiers faisant présumer qu'il est auteur ou complice . . . »

Sont donc crimes et délits flagrants :

Ceux où le prévenu est pris sur le fait ;

Ceux dont l'exécution vient d'être achevée;

Ceux dont les auteurs sont poursuivis par la clameur publique ;

Ceux, après l'accomplissement desquels un individu est trouvé porteur d'effets, d'armes, etc.

Sont assimilés aux crimes et délits flagrants « les crimes ou délits, même non flagrants, » commis dans l'intérieur d'une maison, lorsque le chef de la maison requiert de les » constater le Procureur de la République ou les officiers de police judiciaire qui sont » ses auxiliares » (art. 46 et 49).

Certaines dispositions de la loi sont applicables à tous les crimes et délits, flagrants ou assimilés ; d'autres ne s'appliquent qu'aux délits flagrants proprement dits.

a) **Règles communes pour l'instruction : crimes et délits flagrants ou ceux qui leur sont assimilés.** — 1° Le Procureur de la République et les officiers de police judiciaire peuvent commencer l'instruction. Par suite, ils peuvent se transporter sur les lieux, constater le corps du délit et l'état des lieux (art. 32) ; ils peuvent procéder à des interrogatoires (art. 32 et 33) ; ils peuvent saisir les pièces à conviction (art. 35 et 37), procéder à des perquisitions au domicile du prévenu (art. 36), procéder immédiatement à l'arrestation de l'inculpé.

Sur ce dernier point, il faut distinguer. Les officiers de police judiciaire, auxiliaires du Procureur de la République ont le droit de faire les mêmes actes que le Procureur. Toutefois, le Procureur de la République a seul qualité pour décerner le mandat d'amener. En outre, dès qu'ils ont saisi l'inculpé, ils doivent le conduire devant le Procureur (art. 106).

Le Procureur de la République et les officiers de police judiciaire qui sont ses auxiliaires ont le droit de commencer l'instruction, mais leur compétence se borne là. Dès que le Juge d'instruction peut effectivement se saisir de l'affaire, le Procureur doit lui transmettre sans délai tous procès-verbaux, actes, pièces, etc., pour lui permettre de procéder à l'instruction (art. 45).

Dans la pratique, il est unanimement admis que le Procureur ou ses auxiliaires peuvent commencer l'instruction dans tous les cas, qu'il s'agisse de crimes ou de délits ; mais, en théorie, si l'on s'en tient aux textes (art. 32 et 40) le transport sur les lieux et la saisie du prévenu ne sont permis que « lorsque le fait sera de nature à entraîner une peine afflictive ou infamante » c'est-à-dire lorsqu'il y a crime.

2° Le Juge d'intruction a également des pouvoirs exceptionnels pour l'instruction des crimes et délits flagrants ou de ceux qui leurs sont assimilés.

Ces pouvoirs exceptionnels sont définis par l'article 59 :

« Le Juge d'instruction peut faire directement et par lui-même tous les actes attribués » au Procureur du Roi » (1)

(1) Procureur de la République.

Comme conséquence :

Il peut se saisir lui-même, faire tous les actes permis au Procureur tout en conservant ses propres prérogatives : soit notamment de faire des perquisitions au domicile des tiers aussi bien qu'au domicile de l'inculpé. Le Procureur ne peut que perquisitionner au domicile de l'inculpé.

Enfin, un point très important, c'est que les dispositions de la loi du 8 décembre 1897 visant l'instruction ne sont pas applicables aux actes d'information accomplis, soit par le Procureur, soit par le Juge d'instruction à propos de crimes ou de délits flagrants. Toutefois, pour le Juge d'intruction, cette règle n'est applicable que tant que dure la flagrance du crime ou du délit, dès qu'elle a disparu, le Juge est obligé de revenir à la loi de 1897.

b) **Dispositions spéciales aux seuls délits flagrants** (loi du 20 mai 1863). — La loi de 1863 qui, en principe, vise tout délit, ne s'applique, en fait, qu'aux délits de droit commun. L'article 7 déclare que « la présente loi n'est pas applicable aux délits de presse, » aux délits politiques, aux matières dont la procédure est réglée par des lois spéciales ».

Quelle est l'instruction prévue par ladite loi ? Elle se réduit à un interrogatoire par le Procureur de la République. Après cet interrogatoire, le Procureur peut mettre le prévenu en état de détention préventive et décerner, à cet effet, contre lui un mandat de dépôt (art. 1er).

Deux conditions doivent être réunies pour l'application de la loi de 1863 : il faut que l'inculpé ait été arrêté et conduit devant le Procureur ; il faut, en outre, qu'il y ait flagrant délit dans les circonstances prévues à l'article 41 du Code d'instruction criminelle.

Disons enfin que le Procureur n'est pas obligé d'employer la procédure prévue par la loi de 1863 (art. 1er).

Il va de soi également que dans l'instruction de la loi de 1863, il n'y a pas lieu de se préoccuper de la loi de 1897. C'est une instruction faite par le Procureur et la loi de 1897 n'est applicable qu'à l'information du Juge d'instruction.

CHAPITRE V

LES JURIDICTIONS DE JUGEMENT

Pour diviser notre étude, il convient de préciser, tout d'abord, le rôle des juridictions de jugement.

Elles doivent, en premier lieu faire à l'audience *l'instruction définitive* de l'affaire, pour permettre aux juges de se faire une conviction.

Une fois que le procès est définitivement instruit, elles rendent le jugement.

Chaque juridiction de jugement a une procédure qu'il convient d'étudier à part, mais cependant certaines règles sont communes à toutes les juridictions. Cela posé, il nous est facile de diviser notre matière. Nous étudierons, en premier lieu, les règles communes à toutes les juridictions, puis nous passerons à l'examen des juridictions de droit commun : *Tribunaux de simple police, Tribunaux correctionnels, Cour d'assises.*

§ 1. — Règles communes aux diverses juridictions

Elles visent l'instruction définitive, le pouvoir des juridictions de jugement, la police de l'audience, la répression des infractions commises au cours de l'audience.

a) **Instruction définitive.** — Contrairement à l'instruction préparatoire, elle est orale, contradictoire et publique.

L'instruction est orale, c'est-à-dire que les juridictions de jugement doivent faire déposer toutes les personnes qui sont à même de fournir des renseignements. Elles formeront leur conviction sur les déclarations verbales faites à l'audience et non sur les pièces écrites du procès.

Ainsi le témoin qui a déjà déposé devant le Juge d'instruction est encore entendu à l'audience publique. On ne se contentera pas de lire le procès-verbal de sa première déposition.

L'instruction est contradictoire et, par suite, l'inculpé a le droit de combattre par tous les moyens les preuves accumulées contre lui. Il assiste à toutes les opérations, à l'audition des témoins ; il peut faire citer les témoins à décharge qu'il lui plaît.

L'inculpé est tenu d'assister à l'audience. En cas de refus, on peut l'amener de force ou décider qu'il sera passé outre aux débats.

La loi du 9 septembre 1835 a posé des règles très complètes sur ce point et, en principe, l'inculpé a le droit et le devoir d'assister à l'audience. S'il n'y assiste pas, pour qu'il y ait procédure réputée contradictoire, il doit lui être donné lecture du procès-verbal des débats ; il faut encore qu'on lui signifie copie des réquisitoires du Ministère public et des jugements rendus.

Enfin l'instruction est publique, c'est-à-dire que le public est admis à y assister; mais l'absence de public ne saurait être une cause de nullité de la procédure.

L'audience étant publique, les journaux ont le droit d'en donner un compte-rendu (art. 41 de la loi du 29 juillet 1881).

La règle de la publicité des débats comporte cependant certaines restrictions.

1° Le huis clos partiel ou même total peut être ordonné par le tribunal, pour éviter le scandale ou des inconvénients graves;

2° Le compte-rendu de l'instruction par les journaux est interdit pour les procès en diffamation (1) (loi du 29 juillet 1881, art. 39-1°), pour les procès ayant trait aux faits anarchistes, si le tribunal en décide ainsi (art. 5 de la loi du 28 juillet 1894).

Les exceptions qui précèdent ne peuvent s'appliquer qu'aux débats. Les jugements sont toujours publics et leur publication dans les journaux est toujours autorisée.

b) **Pouvoir des juridictions de jugement.** — L'article 342, alinéa 3 du Code d'instruction criminelle dispose que « la loi ne demande pas compte aux jurés des moyens » par lesquels ils se sont convaincus; elle ne leur prescrit point de règles desquelles ils » doivent faire dépendre particulièrement la plénitude et la suffisance d'une preuve; elle » leur prescrit de s'interroger eux-mêmes dans le silence et le recueillement et de chercher, » dans la sincérité de leur conscience, quelle impression ont faite sur leur raison les » preuves rapportées contre l'accusé et les moyens de sa défense ».

D'après le texte qui précède, le jury, en ce qui concerne la culpabilité d'un prévenu, se détermine par son *intime conviction*. Mais on est d'accord pour étendre les dispositions de la loi et, par suite, le principe de la détermination de la culpabilité « par intime conviction » aux juges en général.

Dans certains cas cependant, que nous allons voir plus loin, en étudiant la procédure des juridictions correctionnelles et de simple police, la preuve de la culpabilité ne peut être faite que par des procédés dont la valeur probante est déterminée à l'avance par la loi. C'est le système *des preuves légales* appliqué dans l'ancien droit même en matière criminelle. La valeur des preuves est rigoureusement fixée par la loi et la conviction du juge ne peut en rien modifier la solution du procès.

Ainsi donc, en principe, le pouvoir des juridictions de jugement par rapport à la reconnaissance de la culpabilité des prévenus repose sur une décision *arbitraire* qui dépend de l'intime conviction du juge.

Cette étendue du pouvoir du Juge quand à la déclaration de culpabilité n'implique pas qu'il en est de même pour la détermination de la peine. Sur ce dernier point, le Juge ne peut que fixer la peine prévue par la loi.

c) **Police de l'audience.** — D'après l'article 504 du Code, la police de l'audience consiste à empêcher que l'instruction ne soit troublée de quelque manière que ce soit par approbation ou improbation.

---

(1) Si la preuve de la vérité du fait diffamatoire n'est pas autorisée.

Elle ne vise donc que les simples troubles et appartient au Président de la juridiction du jugement ou au Juge de paix devant le Tribunal de simple police.

Le Président peut faire expulser le perturbateur.

Si ce dernier pénètre de nouveau dans la salle d'audience après son expulsion, il est passible d'un internement de vingt-quatre heures dans la maison d'arrêt.

d) **Répression des infractions commises à l'audience.** — Les infractions commises à l'audience peuvent avoir pour but en la troublant de mettre une entrave à l'instruction ou au jugement du procès. Elles sont classées comme infractions qui constituent des troubles d'audience et se trouvent en dehors du pouvoir de police qui appartient au Président. Elles entraînent l'application de peines qui sont du domaine des juridictions répressives.

Les infractions d'audience sont réglementées par l'article 505 du Code :

« Lorsque le tumulte aura été accompagné d'injures ou voies de fait donnant lieu à » l'application ultérieure de peines correctionnelles ou de police, ces peines pourront être » séance tenante et immédiatement après que les faits auront été constatés, prononcées, » savoir : celles de simple police sans appel, de quelque tribunal ou juge qu'elles » émanent. Et celles de police correctionnelle à la charge de l'appel, si la condamnation » a été portée par un tribunal sujet à appel ou par un juge seul ».

En ce qui concerne les crimes, qu'ils aient été commis à l'audience pour la troubler ou qu'ils y soient commis tout en étant étrangers au procès, il y a lieu de se reporter aux articles 506 et 507.

Article 506. — « S'il s'agit d'un crime commis à l'audience d'un Juge seul ou d'un » Tribunal sujet à appel, le Juge ou le Tribunal, après avoir fait arrêter le délinquant et » dressé procès-verbal des faits, enverra les pièces et le prévenu devant le Juge compé- » tent. ».

Article 507. — « A l'égard des voies de fait qui auraient dégénéré en crimes ou de » tous autres crimes flagrants et commis à l'audience de la Cour de cassation ou d'une » Cour d'assises, la Cour procèdera de suite au jugement et sans désemparer, elle entendra » les témoins, le délinquant, elle appliquera la peine par un arrêt qui sera motivé ».

Il est admis, en principe, que la procédure abrégée pour les infractions commises à l'audience, prévue aux articles ci-dessus n'est nullement obligatoire pour la juridiction qui a été témoin de l'infraction. Cette juridiction peut parfaitement avoir recours à la procédure ordinaire.

Nous en avons terminé avec les règles générales communes aux diverses juridictions ordinaires de jugement. Nous allons étudier maintenant la procédure spéciale à chacune de ces juridictions.

§ 2. — Tribunaux de simple police : composition, compétence, présidence

a) **Composition.** — Le Tribunal de simple police comprend un juge, un officier du Ministère public, un greffier.

Le juge, c'est le Juge de paix qui a le titre de Président du Tribunal de simple police.

Toutefois à Paris, les Juges de paix d'arrondissement ne siègent pas au Tribunal de simple police. Ils ne s'occupent que des affaires civiles. La présidence du Tribunal de simple police est confiée à des juges de paix et suppléants spéciaux. Ces derniers n'ont aucune compétence en matière civile (art. 18, alin. 2 de la loi du 12 juin 1905).

Le Ministère public est représenté par le Commissaire de police du lieu où siège le Tribunal (art. 141, alin. 1 du Code d'instruction criminelle).

En cas de délit forestier, ainsi que nous l'avons déjà vu, les fonctions du Ministère public sont remplies par un agent de l'administration forestière (art. 114, Code forestier).

Le greffier peut être ou le greffier du Juge de paix ou un greffier particulier désigné pour le Tribunal de simple police.

b) **Compétence.** — La compétence du Tribunal de simple police doit être examinée au point de vue *ratione materiæ* et *ratione loci*.

Au point de vue *ratione loci*, d'après l'article 138, le Tribunal de simple police est exclusivement compétent pour les contraventions commises dans son arrondissement.

Au point de vue *ratione materiæ*, le tribunal est compétent pour les contraventions de simple police. (1)

c) **Procédure.** — Le Tribunal de simple police peut être saisi, soit par le Ministère public, soit par la partie qui réclame.

L'article 145, alinéa 1, dispose que « les citations pour contraventions de police seront » faites à la requête du Ministère public ou de la partie qui réclame ».

Le renvoi devant le Tribunal de simple police émanera donc du Juge d'instruction ou de la Chambre des mises en accusation (art. 129 et 230) si la citation a lieu à la requête du Ministère public.

Comme conséquence, si l'inculpé est en état de détention préventive, il doit être remis en liberté.

Il peut y avoir aussi citation de la partie qui réclame et même entente entre les parties pour comparaître volontairement et sur simple avertissement, sans qu'il soit besoin de citation (art. 147).

Les règles relatives à la citation devant le Tribunal de simple police sont déterminées par l'article 146. Le délai est, en principe, de vingt-quatre heures, il peut être augmenté suivant les distances ou diminué pour des cas urgents, dans cette dernière hypothèse, la citation a lieu « en vertu d'une cédule délivrée par le Juge de paix » (art. 146, 2e alinéa).

(1) Le Tribunal de simple police est compétent pour certains délits (loi du 21 juin 1898, loi du 21 juillet 1881, art. 34).

D'après l'article 152, le prévenu n'est pas obligé de comparaître en personne, et il a le droit de se faire représenter par un fondé de pouvoir.

Il n'est pas non plus obligé de se défendre ni de se faire assister d'un défenseur. D'après l'article 149 « si la personne citée ne comparaît pas au jour et à l'heure fixés par » la citation, elle sera jugée par défaut ».

Comme pour toutes les juridictions de jugement, il y a instruction définitive devant le Tribunal de simple police. Mais ici, il n'y a pas obligation de citer les témoins (art. 153, alinéas 4 et 5) ni obligation pour le greffier de tenir compte des déclarations des témoins.

Nous verrons qu'il en est autrement en matière correctionnelle.

En ce qui concerne les jugements rendu par le Tribunal de simple police, il y a lieu de se reporter aux articles 159, 161, 162, 163 du Code.

Article 159. — « Si le fait présente ni délit, *ni contravention de police*, le tribunal » annulera la citation et tout ce qui aura suivi et statuera par le même jugement sur les » demandes en dommages-intérêts »

Article 161. — « Si le prévenu est convaincu de contravention de police, le tribunal » prononcera la peine et statuera par le même jugement sur les demandes en restitution » et en dommages-intérêts ».

Article 162. — « La partie qui succombera sera condamnée aux frais, même envers » la partie publique, les dépens seront liquidés par le jugement ».

L'article 163 dispose que le jugement doit être motivé et spécifier qu'il est rendu en dernier ressort ou en première instance.

§ 3. — Tribunaux correctionnels : composition, compétence, présidence

a) **Composition.** — Le Tribunal correctionnel comprend des juges, un représentant du Ministère public, un greffier.

Dans les tribunaux importants qui comprennent plusieurs Chambres, Chambres civiles, Chambres correctionnelles, certains juges s'occupent exclusivement des affaires correctionnelles ; mais en principe, d'après l'article 179 du Code, il n'y a pas de juges spéciaux pour le Tribunal correctionnel. Les juges du Tribunal civil d'arrondissement sont également compétents pour les affaires correctionnelles.

Le Tribunal correctionnel comporte une assemblée de juges, président, vice-président, juges titulaires, juges suppléants. Elle doit comprendre au moins trois membres, s'il y en a plus, il faut un nombre impair pour permettre une majorité lors de la délibération.

En principe, tout membre de la magistrature assise du Tribunal civil peut en faire partie. Mais il existe une exception en ce qui concerne le Juge d'instruction. Le Juge d'instruction ne peut concourir au jugement, à peine de nullité (art. 1 et 12 de la loi du 8 décembre 1897).

Le Ministère public est représenté devant le Tribunal correctionnel par le Procureur de la République (1).

Le greffier est le greffier du Tribunal civil ou un commis-greffier assermenté.

(1) Ou par un de ses substituts ou par un juge suppléant.

b) **Compétence.** — La compétence du Tribunal correctionnel doit être envisagée au triple point de vue : *ratione materiæ, ratione loci, ratione personæ.*

1° Compétence « ratione materiæ ». — Le Tribunal correctionnel peut juger tous les délits en première instance et les contraventions en appel.

C'est là le principe. Il compte deux exceptions.

Le Tribunal correctionnel est compétent pour certains crimes commis par des mineurs de seize ans (art. 68, Code pénal).

En outre, certains délits d'un ordre particulier sont soumis à la juridiction de tribunaux spéciaux et échappent à la compétence du Tribunal correctionnel (délits de presse : Cour d'assises; contraventions de grande voirie : Conseil de préfecture, etc.).

2° Compétence « ratione loci ». — Sont compétents en matière correctionnelle, le Tribunal du lieu du délit, le Tribunal de la résidence du prévenu, le Tribunal du lieu où le prévenu a été arrêté.

3° Compétence « ratione personæ ». — En principe, le Tribunal correctionnel est compétent pour juger toute personne qui a commis un délit.

Ce principe comporte certaines exceptions visant les officiers de police judiciaire, les magistrats, les fonctionnaires et dignitaires (art. 479 à 483 du Code, loi du 20 avril 1810). Ces prévenus sont jugés devant la 1re Chambre de la Cour d'appel (1).

c) **Procédure du Tribunal correctionnel.** — La procédure *ordinaire* comprend la saisine, la comparution et la défense de l'inculpé, l'instruction définitive, le jugement.

1° Saisine. — Le Tribunal peut être saisi tout d'abord par le renvoi des juridictions d'instruction (Juge d'instruction ou Chambre des mises en accusation).

Ensuite par citation à la requête des parties (Ministère public, partie lésée, administration publique).

Enfin par la comparution volontaire des parties et ce par extension de l'article 147, cité plus haut qui admet la comparution volontaire devant le Tribunal de simple police. La jurisprudence est en ce sens.

Le Tribunal correctionnel est saisi exclusivement du fait relevé dans la citation ; mais en cas de comparution volontaire, d'autres faits peuvent être relevés par le Ministère public à la charge du prévenu ou encore un témoin peut être accusé de complicité. Le Tribunal est alors appelé à statuer sur ces faits nouveaux. Cela revient à dire que la comparution volontaire annihile dans une certaine mesure l'effet limitatif de la citation.

2° Comparution et défense du prévenu. — Un simple avertissement n'engendre pas pour le prévenu l'obligation de comparaître. Il faut pour cela qu'il y ait citation.

S'il s'agit d'un délit ne comportant pas la peine de l'emprisonnement, l'article 185 permet au prévenu de se faire représenter par un avoué.

---

(1) Pour les officiers de police judiciaire ou magistrats, il faut encore qu'il s'agisse de délits commis dans l'exercice de leurs fonctions.

Si le délit est passible de l'emprisonnement, le prévenu doit comparaître en personne. Il peut y être contraint par la force publique (art. 9 et 12 de la loi du 9 septembre 1835).

Si le tribunal estime qu'il n'y a pas lieu à contrainte, il peut se contenter de donner communication au prévenu de tout ce s'est passé à l'audience (art. 9 de la loi de 1835).

Les moyens indiqués ci-dessus ne sont possibles évidemment que lorsque que le prévenu est en détention préventive. Dans le cas contraire, le tribunal n'a à sa disposition que le jugement par défaut (art 186).

Le jugement par défaut n'est valable que s'il s'est écoulé un délai de trois jours francs entre le jour de la délivrance de la citation et le jugement.

En principe, le prévenu n'est pas obligé d'être assisté d'un défenseur, ni même de se défendre. Mais l'absence de défense autorise le tribunal, aux termes de l'article 186, à rendre un jugement par défaut.

L'article 186 dit, en effet, que « si le prévenu ne comparait pas, il sera jugé par défaut ». Or ne pas se défendre revient à ne pas comparaître *(faute de plaider)*.

3° Instruction définitive. — L'ordre des débats correctionnels est fixé par l'article 190 du Code, mais dans la pratique on ne se conforme pas entièrement au texte qui ne sanctionne d'ailleurs pas ses indications par la nullité.

On procède généralement ainsi :

Interrogatoire du prévenu par le Président.

Audition des témoins de la partie civile (témoins à charge).

Audition des témoins du Ministère public (témoins à charge).

Audition des témoins du prévenu (témoins à décharge).

Ensuite la parole est donnée à la partie civile, puis au Ministère public, enfin au prévenu.

L'instruction définitive étant terminée, l'assemblée des juges délibère et rend son jugement qui doit être lu par le Président.

L'instruction est publique, mais, contrairement à ce qui existe pour la Cour d'assises, ainsi que nous le verrons plus loin, elle n'est pas exclusivement orale et la preuve peut être administrée au moyen de procès-verbaux.

L'instruction devant le Tribunal correctionnel se différencie encore de celle qui a lieu devant la Cour d'assises, en ce qu'elle n'est pas nécessairement continue, en ce que les débats ne sont clos que par le prononcé du jugement. Les règles concernant l'audition des témoins sont également différentes. En ce qui concerne ces derniers, il est bon de donner quelques précisions. Nous dirons aussi un mot des procès-verbaux qui sont très fréquents dans la pratique.

Témoins. — Il n'y a pas de notification de témoins à l'accusé comme en Cour d'assises, mais par contre les témoins doivent être *cités*.

Le tribunal a le droit de ne pas entendre un témoin régulièrement cité, s'il juge l'audition inutile.

Le défaut d'un témoin de comparaître ou de déposer peut entraîner la remise à une audience ultérieure.

Le serment des témoins n'est pas solennel comme en Cour d'assises. Les témoins se bornent à prêter le serment « de dire toute la vérité, rien que la vérité ».

Le greffier doit tenir note des déclarations des témoins et des réponses du prévenu (art. 189).

Procès-verbaux. — Les procès-verbaux établis par les officiers de police judiciaire doivent, pour être réguliers, remplir certaines conditions prévues pour chaque matière. Ils doivent notamment relater les faits constitutifs des infractions qu'ils sont destinés à constater, être rédigés dans un délai très court après l'infraction (généralement trois jours) être le plus souvent écrits et signés par l'officier de police judiciaire chargé de leur rédaction.

Les procès-verbaux font preuve « des faits matériels relatifs aux contraventions et » délits qu'ils constatent ». (1)

Ils ne peuvent prouver que des faits matériels vus et entendus par leur rédacteur. Ils ne garantissent nullement l'exactitude de ce qui a été entendu.

Tous les procès-verbaux n'ont pas la même force probante. Les uns ne valent que comme simples renseignements (procès-verbal constatant un crime); d'autres font foi jusqu'à preuve contraire, c'est-à-dire que la loi permet de combattre au moyen de témoignages ou d'écrits l'exactitude des mentions qu'ils contiennent (art. 154). Rentrent dans cette dernière catégorie, les procès-verbaux réguliers constatant des contraventions de simple police et certains délits spéciaux (par exemple, délits de chasse).

Enfin certains procès-verbaux font foi jusqu'à inscription de faux ; dans ce cas, l'individu contre qui il est invoqué ne peut faire tomber la preuve qui en résulte qu'en ayant recours à la procédure d'inscription de faux. Les procès-verbaux de cette dernière catégorie se rencontrent seulement en certaines matières et pour des cas bien déterminés.

4° Jugement. — Le Tribunal peut tout d'abord se déclarer incompétent, il peut rendre des jugements d'avant faire droit, il peut enfin rendre un jugement au fond. Nous allons examiner :

1° *Incompétence.* — Les juges du Tribunal correctionnel doivent avant tout vérifier leur compétence et, le cas échéant, rendre un jugement aux termes duquel ils se reconnaissent incompétents.

L'incompétence peut être soit *ratione materiæ*, soit *ratione loci*, soit *ratione personæ*.

2° *Jugement d'avant faire droit.* — Ce jugement est rendu par le Tribunal, sans se dessaisir de l'affaire, sans juger au fond ni terminer par conséquent le procès.

Ce cas peut se produire, si le Tribunal estime que l'instruction est incomplète. Il rend alors un jugement qui ordonne une mesure d'instruction supplémentaire.

Par exemple, le défenseur soutient dans sa plaidoirie que le prévenu est un irresponsable. Le Tribunal a la faculté d'ordonner une expertise médico-légale pour reconnaître le bien-fondé de cette assertion ou son inexactitude.

Le jugement statuant sur la demande en liberté provisoire d'un inculpé est également un jugement d'avant faire droit.

---

(1) Article 176 du Code forestier.

3° *Jugements au fond.* — Ils se divisent en jugements : « il n'y a lieu à statuer », renvoi d'instance, absolution ou condamnation.

Le jugement est dit *il n'y a lieu à statuer*, lorsqu'il constate l'extinction de l'action publique.

Il y a *renvoi d'instance* ou *relaxe*, lorsqu'il n'y a pas de preuve suffisante à la charge du prévenu, lorsque le Tribunal juge que le fait ne constitue ni délit, ni contravention, lorsque l'action publique est irrecevable.

Il y a *absolution* du prévenu, lorsque le Tribunal reconnaît, en même temps, la culpabilité du prévenu et l'existence d'une excuse absolutrice.

Enfin le jugement porte *condamnation*, lorsque le Tribunal juge que le prévenu est coupable et qu'en outre le fait incriminé constitue un délit.

Les jugements sont *contradictoires* ou *par défaut*.

Ils sont contradictoires, lorsque la partie privée (partie civile) ou le prévenu ont comparu et défendu leurs intérêts.

Ils sont par défaut en cas de non comparution ou de non défense.

Toutes les règles de la procédure que nous venons d'énumérer visent *la procédure ordinaire*, c'est-à-dire celle des délits non flagrants.

Lorsqu'il y a délit flagrant, cette procédure comporte certaines dérogations.

Délits flagrants. — S'il s'agit de délits commis à l'audience, le Tribunal a le droit de se saisir lui-même de ces délits et de les juger immédiatement.

S'il s'agit de délits dont les auteurs ont été saisis alors que ces délits étaient encore flagrants, c'est la procédure abrégée de la loi du 20 mai 1863 qui s'applique.

Le Tribunal est saisi par la conduite immédiate de l'inculpé à la barre au cours de son audience (art. 1er), ou il y a citation pour l'audience du lendemain (art. 2).

Les témoins peuvent être entendus sans avoir été cités (art. 3).

Enfin l'article 4 autorise l'inculpé à demander un délai de trois jours au moins pour préparer sa défense.

§ 4. — La Cour d'assises

Dans les départements où il y a une Cour d'appel, les Cours d'assises tiennent leurs sessions dans la ville où siège la Cour d'appel.

Dans les autres départements, elles tiennent *ordinairement* leurs sessions au chef-lieu (art. 258). Cette règle comporte certaines exceptions.

D'après l'article 20 de la loi du 20 avril 1810, la date de l'ouverture de chaque session est fixée, pour chaque Cour d'assises, par le Premier Président de la Cour d'appel dans le ressort de laquelle la Cour d'assises doit siéger.

Chaque session doit durer tant que les affaires criminelles qui étaient en état lors de son ouverture n'auront pas été jugées (art. 261, 2e alinéa). Dans la pratique, les sessions ne durent pas plus de quinze jours.

D'après l'article 259 « la tenue des assises a lieu tous les trois mois » soit quatre sessions par an pour chaque département.

Les articles 253, alinéa 2 du Code et 19 de la loi du 20 avril 1810 prévoient des assises extraordinaires avec une nouvelle liste de jurés.

a) **Composition de la Cour d'assises.** — Elle comprend des magistrats, des jurés, le Ministère public et un greffier.

1° Magistrats. — Les magistrats forment ce que l'on appelle, au sens strict du mot, la Cour d'assises. Ils sont au nombre de trois, le Président des Assises et ses deux assesseurs.

D'après l'article 252, le Président des Assises ne peut être choisi que parmi les conseillers à la Cour d'appel.

La nomination du Président des assises est faite ordinairement par le Premier Président de la Cour d'appel. Le Ministre de la Justice a également le droit de nomination, mais il n'en use que rarement.

La nomination a toujours lieu au cours d'une session pour la session suivante, de façon à ce qu'il y ait constamment un Président des Assises.

Le Président des Assises peut être remplacé s'il est empêché de siéger; si c'est pour toute la session, le Premier Président de la Cour d'appel nomme un autre président ou encore il est remplacé par le plus ancien des assesseurs (1), ou le Président du Tribunal de première instance.

En cas d'impossibilité temporaire, il n'y a pas lieu à une nouvelle nomination et le président est toujours suppléé par le plus ancien des assesseurs ou par le Président du Tribunal de première instance.

Les deux assesseurs du Président des Assises ne sont pas nécessairement des conseillers de la Cour d'appel. Ils peuvent être choisis parmi les président ou juges du Tribunal de première instance du lieu de la tenue des assises (art. 253).

Le même article 253 fixe les conditions de remplacement des assesseurs et les conditions de leur nomination.

Le Président des Assises et les deux assesseurs sont nommés pour le trimestre dans lequel se place la session ordinaire. Et, par suite, leur nomination est valable pour l'assise extraordinaire qui peut avoir lieu au cours du même trimestre.

Ne peuvent être nommés président ou assesseurs, les magistrats qui se sont occupés de l'affaire à juger, soit comme membres de la Chambre des mises en accusation, soit comme Juge d'instruction.

Il résulte aussi de tout ce qui précède que les magistrats formant la Cour d'assises appartiennent à la magistrature assise. Aucun membre du Parquet ne peut en faire partie.

2° Les jurés. — Les jurés composent le jury de la Cour d'assises. Les principes relatifs au jury sont posés dans la loi des 21 et 24 novembre 1872.

Les jurés sont des citoyens français choisis sur une liste, dite *liste de session*, qui comprend des jurés titulaires et des jurés suppléants.

La liste annuelle des jurés titulaires est établie pour l'année suivante. Elle doit com-

(1) Les assesseurs pour suppléer doivent être conseillers de la Cour d'appel.

prendre trois mille jurés pour le département de la Seine ; pour les autres départements, un juré par cinq cents habitants, avec un minimum de quatre cents jurés et un maximum de six cents (art. 6 de la loi de 1872).

Chaque arrondissement et chaque canton doivent fournir un certain nombre de jurés qui est fixé par le Préfet de la Seine et dans les autres départements par le Préfet.

La liste définitive des jurés, pour chaque arrondissement, est établie par une Commission d'arrondissement, dans le courant du mois de septembre.

La Commission dresse aussi une liste de jurés suppléants, cinquante pour les départements et trois cents à Paris.

Pour faire partie du jury, il faut :

1° Avoir trente ans accomplis ;

2° Jouir des droits politiques, civils et de famille ;

3° Avoir son domicile dans le département de la Cour d'assises ;

4° Ne pas être dans un des cas d'incapacité prévus par la loi de 1872 et que nous allons énumérer ci-dessous.

D'après l'article 2 de la loi de 1872 sont inaptes à être jurés :

Ceux contre qui ont été prononcées les condamnations pénales prévues au texte ;

Ceux qui sont en état de détention préventive, d'accusation ou de contumace ;

Enfin les interdits, les individus pourvus de conseils judiciaires.

D'après l'article 4, ceux qui ne savent pas lire et écrire en français, les domestiques et serviteurs à gages.

L'article 3 énumère aussi un certain nombre de personnes qui exercent des fonctions déclarées incompatibles avec les fonctions de juré.

La liste annuelle qui, ainsi que nous l'avons dit, doit comprendre six cents jurés au plus et quatre cents au moins, est la liste alphabétique des jurés titulaires portés sur chacune des listes d'arrondissement.

Elle est établie dans la première quinzaine de décembre par le Premier Président de la Cour d'appel ou par le Président du Tribunal civil (art. 16 de la loi de 1872).

Reste enfin la liste de session. Elle est formée avant l'ouverture de chaque session.

Elle doit comprendre trente-six jurés titulaires et quatre jurés suppléants.

Elle est déterminée par un tirage au sort. Le tirage au sort est effectué par les soins du Premier Président de la Cour d'appel ou du Président du Tribunal civil. Il a lieu dix jours au moins avant l'ouverture des Assises.

La liste de session une fois établie, les jurés doivent être convoqués. La notification doit être faite au moins huit jours avant l'ouverture de la session.

Les jurés ont droit à une indemnité de déplacement (décret du 5 avril 1907, art. 1er), et à une indemnité de séjour pour chaque journée de la session.

Le montant de l'indemnité varie suivant l'importance de la population du chef-lieu des Assises.

Enfin les jurés sont nommés exclusivement pour la durée de la session (art. 391, alinéa 1 de la loi).

3° Ministère public. — Le Ministère public est représenté à la Cour d'assises par le Procureur général près la Cour d'appel ou un des officiers de son parquet (art. 253, alinéa 1).

Dans les départements où il n'y a pas de Cour d'appel, les fonctions du Ministère public sont remplies par le Procureur de la République ou l'un de ses substituts (art. 253, alinéa 2).

4° Le greffier. — Dans les départements où siègent les Cours d'appel, c'est le greffier de la Cour d'appel ou l'un de ses commis assermentés (art. 253, alinéa 1).

Dans les départements où il n'y a pas de Cours d'appel, c'est le greffier du Tribunal civil ou l'un de ses commis assermentés (art. 253, alinéa 2).

Le greffier dresse procès-verbal de toutes les formalités accomplies, mais il ne relate pas le fond des débats. (1)

D'après l'article 372, le procès-verbal doit être signé par le greffier et le président.

Le procès-verbal fait preuve jusqu'à inscription de faux.

b) **Compétence de la Cour d'assises.** — La Cour d'assises a plénitude de juridiction : elle est compétente pour tous les faits qui lui sont déférés, elle a même pleine compétence civile.

Elle est donc juridiction répressive et juridiction civile et elle peut, en principe, juger toute personne.

La Cour d'assises a la plénitude de juridiction répressive. Ce principe est expressément consacré par l'alinéa 1 de l'article 365 :

« La Cour prononcera la peine établie par la loi, même dans le cas où, d'après les » débats, il se n'être plus de la compétence de la Cour d'assises ».

La Cour d'assises a la plénitude de juridiction civile. D'après l'article 358, elle peut condamner l'accusé à des dommages-intérêts envers la partie, même lorsqu'il est déclaré non coupable. Comme conséquence, elle a compétence par rapport aux faits qui sont des délits civils sans constituer des infractions à la loi pénale.

La compétence de la Cour d'assises est nettement délimitée par l'article 271 :

« Le Procureur général poursuivra, soit par lui-même, soit par son substitut, toute » personne mise en accusation suivant les formes prescrites. Il ne pourra porter à la Cour » aucune autre accusation à peine de nullité et, s'il y a lieu, de prise à partie ».

Ainsi la Cour d'assises est compétente seulement par rapport aux faits et aux inculpés qui lui ont été déférés par l'arrêt de renvoi.

Les conséquences de ce principe sont les suivantes :

En premier lieu, la Cour d'assises n'est pas qualifiée pour juger l'accusé sur un crime découvert au cours des débats, qui n'a pas donné lieu à un arrêt de mise en accusation.

En second lieu, elle n'est pas qualifiée pour juger un témoin qui, au cours des débats, paraîtrait avoir participé au crime dont elle est saisie, comme complice ou co-auteur.

---

(1) Toutefois, sur réquisition du président, le greffier doit tenir note des changements qui peuvent exister entre les déclarations d'un témoin lors de l'instruction ou de l'audience.

c) Procédure de la Cour d'assises. — Pour faire l'étude de la procédure de la Cour d'assises, il faut considérer le cas où l'accusé comparaît et le cas où il ne comparaît pas.

Dans le premier cas, la procédure est contradictoire.

Dans le deuxième cas, c'est la procédure par contumace.

1. Comparution de l'accusé ou procédure contradictoire. — Le Président des Assises, qui a la direction des débats, a un pouvoir discrétionnaire très étendu qui lui permet d'ordonner les mesures d'instruction qu'il juge utiles.

En outre, en vertu de son pouvoir de direction, il prononce la clôture des débats, il prépare le projet de la rédaction des questions à poser au jury et il rend une ordonnance d'acquittement si le jury déclare l'accusé non coupable.

Considérons maintenant la Cour d'assises *stricto sensu*, c'est-à-dire le Président et ses deux assesseurs ; ils ont des attributions multiples :

Avant l'examen de chaque affaire, ils procèdent à la composition de la juridiction de jugement, ils s'adjoignent, s'ils le jugent utiles, des magistrats assesseurs pour les remplacer, le cas échéant ; ils procèdent à une révision de la liste des jurés de service ; ils adjoignent aux jurés ordinaires, deux jurés supplémentaires ; ils statuent sur les excuses des jurés régulièrement convoqués qui ne se présentent pas.

Au cours des débats, ils statuent par arrêt motivé sur les incidents contentieux qui peuvent être soulevés par la défense ou l'accusation ; s'ils jugent que l'instruction définitive ne peut être faite immédiatement, ils renvoient l'affaire à une autre session ; ils prononcent une amende contre les témoins régulièrement cités qui ne se présentent pas sans motif valable.

Enfin, après la clôture des débats, la Cour d'assises statue sur les incidents contentieux qui peuvent surgir par rapport à la position des questions au jury entre le Président et la défense ou l'accusation ; elle examine le verdict rendu par le jury et s'il est irrégulier, elle renvoie le jury pour nouvelle délibération (1) ; elle procède à l'application de la loi et prononce, suivant les cas, un arrêt d'absolution ou un arrêt de condamnation à une peine ; enfin la Cour statue, par arrêt, sur les intérêts civils.

Et les jurés ? Les jurés, en raison de leurs fonctions, sont soumis à un certain nombre d'obligations.

Ils doivent, avant l'ouverture des débats, prêter le serment de l'article 312.

Au cours des débats, ils doivent écouter, regarder ; ils sont autorisés à prendre des notes et à questionner l'accusé ou les témoins.

Après la clôture des débats, ils se réunissent dans la salle des délibérations qui leur est réservée pour rédiger leurs réponses aux questions posées.

Enfin pendant toute la procédure jusqu'au verdict, ils ne doivent communiquer avec personne, au sujet de l'affaire qu'ils ont à juger, conformément au serment prêté d'après l'article 312.

---

(1) Elle peut même annuler le verdict, si elle juge que le jury s'est trompé en déclarant l'accusé coupable.

Ces généralités une fois posées concernant le Président, la Cour et les jurés, nous allons entrer dans l'étude détaillée de la procédure de la Cour d'assises qui comprend : *la procédure avant la clôture des débats* et *la procédure qui suit la clôture des débats*.

La première comprend *la constitution définitive du jury de jugement, les préliminaires de l'instruction définitive, l'instruction définitive*.

La deuxième comprend *la rédaction des questions au jury, la remise de certaines pièces aux jurés par le Président et avertissements, la délibération du jury, lecture du verdict et examen du verdict, les suites du verdict*.

Nous allons successivent étudier ces divers points :

1° Constitution définitive de la juridiction de jugement. — La juridiction de jugement doit être constituée avant l'examen de chaque affaire. Elle comprend, ainsi que nous l'avons déjà dit, l'assemblée de magistrats qui constitue la Cour d'assises et le jury.

L'assemblée de magistrats se compose du Président et de ses deux assesseurs, auxquels peuvent être adjoints un ou deux assesseurs supplémentaires nommés par le Président.

« A partir du jour de l'ouverture de la session, le Président des assises pourvoira au » remplacement des assesseurs régulièrement empêchés et désignera, s'il y a lieu, les » assesseurs supplémentaires » (art. 253, alinéa 4).

D'après l'article 394, le jury de jugement se compose de douze jurés. En outre, toujours d'après le même article, « lorsqu'un procès criminel paraîtra de nature à entraîner » de longs débats, la Cour d'assises pourra ordonner, avant le tirage de la liste des jurés, » qu'indépendamment de douze jurés, il en sera tiré au sort un ou deux autres qui assisteront aux débats », c'est-à-dire qu'il peut y avoir adjonction d'un ou de deux jurés suppléants.

En principe, le jury est constitué par les douze premiers jurés sortis au tirage au sort et *non récusés*. Le tirage a eu lieu sur la liste des trente-six jurés et quatre suppléants convoqués.

Mais lorsque, par suite de maladie ou pour tout autre motif valable, l'un ou plusieurs des jurés convoqués ne se présentent pas ou ne peuvent être jurés, comment procédera-t-on ? La Cour, pour obvier à ces difficultés, est dans la nécessité de réviser la liste de session avant l'examen de chaque affaire. Cette révision a pour but de déterminer quels sont les jurés sur lesquels portera le tirage au sort qui doit permettre la composition du jury de jugement.

Après la révision de la liste de session, il est indispensable que, de toute façon, trente à trente-six noms soient mis dans l'urne pour le tirage au sort. S'il y en a moins de trente, on doit parfaire ce chiffre avec les jurés suppléants de la liste de session ou même, si cela est nécessaire, on tirera au sort entre les jurés de la liste annuelle qui habitent dans la ville des Assises (art. 19 de la loi de 1872).

Il faut que les jurés ne soient pas récusés pour pouvoir faire partie définitivement du jury. Le greffier fait l'appel des jurés. Au fur et à mesure de l'appel, on introduit dans l'urne un papier sur lequel est écrit le nom du juré qui vient de répondre « présent ».

Ensuite, le Président procède au tirage. Aussitôt que le nom d'un juré est sorti, l'accusé ou le Ministère public a le droit de le récuser. La récusation n'a pas besoin d'être motivée et le juré récusé ne peut siéger.

« Le jury de jugement sera formé à l'instant où il sera sorti de l'urne douze noms de » jurés non récusés » (art. 399, 4e alinéa).

Le droit de récusation a des limites fixées par l'article 400 :

« Les récusations que pourront faire l'accusé et le Procureur général s'arrêteront » lorsqu'il ne restera que douze jurés ».

Cela revient à dire que lorsqu'il n'y a plus que douze noms dans l'urne, les jurés porteurs de ces douze derniers formeront de plein droit le jury de jugement.

L'accusation et la défense ont droit, en principe, à un nombre égal de récusations. Toutefois « si les jurés sont en nombre impair, les accusés pourront exercer une récu- » sation de plus que le Procureur général » (art. 401).

Les formalités relatives à la composition et à la fixation du jury sont accomplies généralement en Chambre du Conseil, avant l'ouverture de l'audience.

2° Préliminaires de l'instruction définitive. — Lorsque la Cour d'assises, magistrats et jury de jugement, est définitivement constituée, la séance est ouverte.

Article 309. — « Au jour fixé pour l'ouverture des Assises, la Cour ayant pris séance, » douze jurés se placeront, dans l'ordre désigné par le sort, sur des sièges séparés du » du public, des parties et des témoins, en face de celui qui est destiné à l'accusé ».

La séance est ouverte par la comparution de l'accusé.

« L'accusé comparaîtra libre et seulement accompagné de gardes pour l'empêcher de » s'évader. Le Président lui demandera son nom, ses prénoms, son âge, sa profession, » sa demeure et le lieu de sa naissance » (art. 310).

L'interrogatoire d'identité de l'inculpé une fois terminé, on passera à l'avertissement au conseil prévu à l'article 311.

Article 311. — « Le Président avertira le conseil de l'accusé qu'il ne peut rien dire » contre sa conscience ou contre le respect dû aux lois et qu'il doit s'exprimer avec » décence et modération ».

Puis, conformément aux dispositions de l'article 312 qui doit être observé à la lettre, à peine de nullité, le Président fait prêter serment aux jurés et aux jurés supplémentaires adjoints.

Le Président annonce ensuite à l'accusé (art. 313) qu'il va être donné, par le greffier, lecture de l'arrêt de renvoi et de l'acte d'accusation, en l'invitant à écouter attentivement.

« Le greffier fera cette lecture à haute voix » (art. 313 *in fine*).

Pour se conformer à l'article 314, le Président fait un résumé des pièces lues par le greffier et dit à l'accusé : « Voilà de quoi vous êtes accusé ; vous allez entendre les » charges qui seront produites contre vous ».

En principe, d'après l'article 315, le Ministère public doit faire l'exposé du sujet de l'accusation ; mais ordinairement, dans la pratique, cet exposé, qui ferait double emploi avec la lecture de l'acte d'accusation et le résumé du Président, n'a pas lieu.

Le greffier donne alors lecture de la liste des témoins (art. 315, 2ᵉ alinéa).

Si un témoin régulièrement cité ne se présente pas, il est condamné à l'amende.

L'absence d'un témoin, dont la déposition paraît nécessaire à la Cour pour la manifestation de la vérité, peut amener le renvoi de l'affaire à une prochaine session (art. 354 et 355).

Enfin, chaque témoin doit ignorer ce qui a été dit par celui qui l'a précédé. A cet effet, les précautions suivantes sont prises :

Article 316. — « Le Président ordonnera aux témoins de se retirer dans la chambre » qui leur sera destinée. Ils n'en sortiront que pour déposer. Le Président prendra des » précautions, s'il en est besoin, pour empêcher les témoins de conférer entre eux du » délit et de l'accusé, avant leur déposition ».

3° INSTRUCTION DÉFINITIVE A L'AUDIENCE. — Nous savons déjà que l'instruction définitive à l'audience a lieu sous la direction du Président des Assises qui dispose d'un pouvoir discrétionnaire, lui permettant d'ordonner des mesures d'instruction en sus de celles qui sont imposées par la loi.

Les deux caractéristiques de l'instruction, c'est qu'elle est *orale et continue*.

« L'examen et les débats, une fois entamés, devront être continués sans interruption... » (art. 353).

Le pouvoir discrétionnaire du Président n'empêche pas les parties en cause (Ministère public, accusé, partie civile) d'exiger que l'instruction se fasse de la manière déterminée par la loi.

La procédure réglementaire comprend : *l'audition des témoins, le réquisitoire du Ministère public, la plaidoirie du défenseur.*

Audition des témoins. — D'après les articles 315 et 324, doivent être entendues, comme témoins, toutes les personnes qui ont été notifiées à l'avance (vingt-quatre heures), soit au Ministère public, soit à l'accusé.

Encore faut-il que les personnes notifiées comme témoins ne rentrent pas dans la catégorie des individus qui, en vertu d'une disposition de la loi, ne doivent pas être reçus à témoigner.

En outre, par renonciation unanime des parties, un témoin régulièrement notifié peut ne pas être entendu.

Ne peuvent être entendus comme témoins :

Les individus non régulièrement notifiés ;

Certaines personnes auxquelles la loi n'accorde pas confiance, les mineurs de quinze ans (art. 79) ; celles énumérées par l'article 322, les ascendants, les descendants, les frères et sœurs, le mari ou la femme (1).

Sont encore incapables de témoigner en justice, les individus déchus par suite d'une condamnation pénale.

Certaines personnes tenues au secret professionnel sont dispensées de témoigner

(1) Leur audition n'entraîne pas la nullité si le Ministère public et l'accusé ne s'y opposent pas.

(art. 378, Code pénal). Ces personnes prêtent le serment des témoins et se contentent de déclarer que ce qu'elles savent de l'affaire, elles l'ont appris dans l'exercice de leur profession et qu'elles ne peuvent le révéler.

L'audition d'un témoin se fait de la façon suivante. Le Président lui fait subir un interrogatoire d'identité, lui fait prêter serment de dire toute la vérité et rien que la vérité; il dépose ensuite oralement et sans être interrompu, le tout dans les formes prescrites par les articles 317 et 319.

La déposition terminée, il peut être interrogé par le Président, les assesseurs, le Ministère public et les jurés. La défense et la partie civile ne peuvent poser une question au témoin que par l'organe du Président; si ce dernier s'y refuse, le défenseur ou la la partie civile déposent des conclusions sur lesquelles la Cour statue par un arrêt.

L'accusé qui a subi un premier interrogatoire du Président au commencement des débats, est questionné par lui après chaque déposition. Le Président doit lui demander s'il veut répondre à ce qui vient d'être déposé contre lui.

Le Président a également le droit de l'interroger après chaque déposition (art. 319, alinéa 3). Ce même droit appartient aux assesseurs, au Ministère public, aux jurés (alinéa 4).

La partie civile ne peut procéder à l'interrogatoire de l'accusé que par l'organe du Président.

Les parties ont le droit de discuter les dépositions des témoins (art. 319, 2e alinéa) et de faire relever les contradictions qu'elles peuvent présenter eu égard à celles qui ont été faites, lors de l'instruction préparatoire.

L'article 320 oblige les témoins à rester dans la salle d'audience jusqu'à la clôture des débats : « Chaque témoin, après sa déposition, restera dans l'auditoire, si le Président » n'en a ordonné autrement, jusqu'à ce que les jurés se soient retirés pour donner leur » déclaration ».

Pendant l'audition des témoins, la Cour peut ordonner toute mesure d'instruction qu'elle juge nécessaire (expertise, perquisition, visite des lieux).

Réquisitoire du Ministère public. Plaidoiries. — Article 335 : « A la suite des dépo» sitions des témoins et des dires respectifs auxquels elles auront donné lieu, la partie » civile ou son conseil et le Procureur général seront entendus et développeront les » moyens qui appuient l'accusation. L'accusé et son conseil pourront leur répondre. » La réplique sera permise à la partie civile et au Procureur général ; mais l'accusé ou son » conseil auront toujours la parole les derniers ».

Ainsi la plaidoirie de la partie civile a lieu la première, puis vient le réquisitoire du Ministère public, et enfin la plaidoirie de la défense.

Après le réquisitoire et les plaidoiries, « le Président déclarera que les débats sont » terminés » (art. 335 *in fine*).

Au cours des débats, il peut y avoir conflit entre la défense et le Ministère public, entre la défense et le Président, etc... Ces conflits sont tranchés par un arrêt de la Cour sur conclusions déposées et signées.

Pouvoir discrétionnaire du Président. — Nous avons indiqué que le Président des

Assises, usant de son pouvoir discrétionnaire, a la faculté d'ordonner des mesures d'instruction en sus de celles qui sont imposées par la loi. C'est ainsi qu'il procède, dans la pratique, préalablement à l'audition des témoins, à un interrogatoire de l'inculpé.

Le pouvoir discrétionnaire du Président est basé sur les articles 268 et 269. Il n'existe que pendant les débats et relativement au fait contesté. Il consiste, pour le Président, à ordonner ou employer toute mesure d'instruction que, *dans son honneur et sa conscience*, il croit utile à la manifestation de la vérité.

Le Président peut ordonner des actes ordinaires d'instruction que la Cour d'assises serait elle-même fondée à ordonner par arrêt (expertise, perquisition, etc.).

Le Président peut aussi ordonner des actes extraordinaires d'instruction dont il est seul capable (interrogatoire de l'accusé avant toute audition de témoins, audition de certains témoins ou experts, production et lecture de certaines pièces).

Par suite du pouvoir discrétionnaire du Président, la procédure de l'instruction se fait rarement, dans la pratique, absolument comme elle est décrite par la loi ; mais il ne faudrait pas croire cependant que le Président soit dispensé d'observer les formes édictées par la loi, même pour les moyens extraordinaires de preuve qu'il croit devoir employer dans son honneur et sa conscience.

C'est ainsi, pour ne citer qu'un exemple, qu'il n'a pas le droit de faire usage de pièces, sans les communiquer à la défense.

Les débats déclarés clos par le Président, nous entrons dans la phase de la procédure qui suit la clôture des débats.

4° Questions au jury. — Les articles 337, 338 et 339 déterminent au sujet de quels faits le jury doit être interrogé.

L'interrogatoire doit porter sur tout ce qui concerne le crime dont l'examen lui a été renvoyé par la Chambre des mises en accusation, sur les causes d'aggravation ou d'atténuation prévues ou omises par l'arrêt, ou sur certaines questions subsidiaires que les débats ont fait surgir ; mais il ne peut, en aucun cas, porter sur des faits matériels, qui ne font pas l'objet de la mise en accusation, même s'ils étaient révélés au cours des débats.

L'ordre dans lequel les questions doivent être posées au jury est fixé par la loi du 13 mai 1836, article 1er :

1° Questions sur le fait principal ; 2° questions sur les circonstances aggravantes ; 3° questions sur chaque excuse ; 4° questions de discernement.

L'ordre indiqué ci-dessus n'est pas obligatoire, à peine de nullité.

Les questions posées au jury doivent être des questions *en fait, non complexes, rédigées par écrit.*

Le jury n'a à résoudre *que des questions de fait* et *la solution des questions de droit ne lui appartient pas.* Les questions doivent donc lui être posées *en fait*, de façon à lui permettre de prendre parti sur le point de savoir si l'inculpé est convaincu d'avoir commis certains actes. La culpabilité ou la non culpabilité de l'accusé sont des questions de fait.

Les questions complexes sont prohibées. Le jury doit répondre par oui par non ; il faut donc que les questions lui soient posées pour lui permettre de répondre par une simple affirmation ou par une simple négation.

En résumé, la question doit ne comprendre *qu'un seul élément, être simple* et *non complexe*.

Enfin les questions au jury doivent être rédigées *par écrit* (art. 341 et 345) *et par le Président* (art. 336, alinéa 2). Le questionnaire doit être soumis à la défense ou à l'accusation pour leur permettre, le cas échéant de déposer des conclusions. Un incident contentieux est susceptible de surgir entre le Président et les parties (défense ou accusation) sur le projet de questions et il doit être résolu par un arrêt motivé de la Cour.

5° Avertissements et remise des pièces au jury. — Les questions définitivement arrêtées sont lues, puis le Président des Assises donne certains avertissements aux jurés.

Ces avertissements portent sur le droit des jurés de discuter entre eux dans la chambre de leurs délibérations, sur le vote qui doit avoir lieu au scrutin secret (art. 341-2°) ; sur les circonstances atténuantes, qui doivent faire l'objet d'une déclaration si elles sont accordées ou dont ils ne doivent pas parler dans le cas contraire (1) ; sur la majorité exigée, sept voix au moins (art. 347).

Le Président a également le droit de donner aux jurés tous éclaircissements qu'il jugera nécessaires, mais il ne peut leur faire un résumé des débats.

Article 336. — « Le Président, après la clôture des débats, ne pourra, *à peine de » nullité*, résumer les moyens de l'accusation et de la défense ».

Le Président remet enfin aux jurés les pièces énumérées à l'article 341, c'est-à-dire les questions et toutes les pièces du procès, à l'exception des procès-verbaux contenant les témoignages recueillis au cours de l'instruction préparatoire.

6° Délibération du jury. — La délibération a lieu sous la direction du chef du jury, à qui le Président a remis la liste des questions et autres pièces.

C'est, en principe, le premier juré désigné par le tirage au sort et non récusé qui est chef du jury. Cependant les jurés peuvent en désigner un autre à la majorité.

Il faut *douze jurés*, ni plus ni moins, pour la validité de la délibération.

La délibération a lieu dans la salle réservée aux jurés et elle doit être secrète. Aucun juré ne peut sortir de la salle ni aucune autre personne ne peut y pénétrer (art. 342 et 343).

Le chef du jury commence par lire aux jurés l'instruction contenue dans l'alinéa 3 de l'article 342, rappelant aux jurés qu'ils doivent se déterminer seulement par *leur intime conviction*.

Il donne ensuite lecture de la première question (question sur le fait principal) et fait voter. Le vote a lieu secrètement sur bulletin. Chaque bulletin portant le mot oui ou non sera remis fermé au chef du jury qui procède au dépouillement.

Si le jury a répondu négativement sur la première question, la délibération est terminée.

---

(1) Il n'y a donc pas de question écrite pour les circonstances atténuantes.

Il n'y a évidemment pas lieu si l'accusé est déclaré non coupable d'examiner s'il existe des circonstances aggravantes ou des circonstances atténuantes.

Si, au contraire, le jury a répondu oui sur la première question, il sera procédé au vote pour les autres questions de la manière indiquée ci-dessus.

Lorsqu'il a été répondu sur toutes les questions écrites, le chef du jury pose la question non écrite des circonstances atténuantes, si la réponse est affirmative, il écrira au bas du questionnaire « à la majorité, il y a des circonstances atténuantes ». Si elle est négative, il ne doit pas le mentionner (loi de 1836 art. 1er et 3).

D'après l'article 347 « la décision du jury, tant contre l'accusé que sur les circons- » tances atténuantes, se forme à la majorité ». La majorité est de sept voix au moins.

Les décisions contre l'accusé sont constatées par l'inscription des mots « oui à la » majorité » ou « non, à la majorité ».

La décision qui accorde les circonstances atténuantes est constatée par la formule « à la majorité, il y a des circonstances atténuantes ».

A peine de nullité, le nombre réel des voix ne peut être exprimé (art. 347) pour ces deux espèces de décisions.

La règle ne s'applique plus, s'il s'agit de réponses favorables à l'inculpé. Ainsi le chef de jury a le droit de porter en face de la question principale « l'accusé est-il coupable » la mention « non, à l'unanimité ».

Disons enfin que le jury a le droit d'expliquer sa réponse, pourvue que *l'explication* n'annihile pas cette réponse. Ainsi le jury peut répondre sur la question principale de culpabilité « non, pour démence ».

En principe, personne, en dehors des jurés, ne peut pénétrer dans la salle des délibérations, s'il n'a l'autorisation du Président des assises. Cependant si le jury a besoin d'explications complémentaires, le chef du jury peut demander le président.

La loi du 10 décembre 1908, modifiant l'alinéa 2 de l'article 343 dispose que le Président ne devra pénétrer dans la chambre des délibérations « que s'il est appelé par le chef » du jury et accompagné du défenseur de l'accusé, du ministère plublic et du greffier.

7° Le verdict. — La délibération du jury terminée et le verdict composé « les jurés » rentrent dans l'auditoire et reprennent leur place » (art. 348 alinéa 1).

« Le Président leur demandera quel est le résultat de leur délibération. Le chef du » jury se lèvera et la main placée sur son cœur il dira : sur mon honneur et ma concience, » devant Dieu et devant les hommes, la déclaration du jury est, oui, l'accusé est coupable » ou non, l'accusé, etc. » (art 348, 2e et 3e alinéas).

Après lecture de la délibération, le chef du jury la signe et la remet au Président. Le Président la signe à son tour ainsi que le greffier.

L'accusé n'est pas présent à ces diverses formalités bien qu'elles aient lieu en audience publique. On procède, avant de le ramener dans la salle des séances, à l'examen du verdict.

L'examen du verdict consiste pour la Cour d'assises :

A vérifier si les déclarations du jury sont régulières, si le verdict est complet et répond bien à toutes les questions posées, s'il n'y a pas de contradictions dans les réponses qui rendent le verdict inapplicable.

S'il y a lieu à rectification, le jury retourne, par arrêt motivé, dans la salle de ses délibérations. Il procède alors à une délibération entièrement nouvelle.

Les mêmes formalités s'appliquent pour le verdict rectifié comme pour le premier verdict : lecture par le chef du jury, signature, remise au président etc.

En outre, lorsque l'accusé est reconnu coupable, la Cour à le droit d'examiner le bien fondé du verdict.

« Si la Cour est convaincue que les jurés se sont trompés au fond, elle déclare qu'il » est sursis au jugement et renvoie l'affaire à la session suivante pour y être soumise à un » nouveau jury dont ne peut faire partie aucun des jurés qui ont pris part à la déclaration » annulée » (art. 352).

Le même article décide que la Cour a seule qualité pour prononcer l'annulation *d'office* aussitôt après la déclaration et que personne ne peut la lui demander ; qu'enfin, à la session suivante, la nouvelle Cour d'assises ne pourra plus ordonner un nouveau renvoi, même lorsque la déclaration serait conforme à la première.

Lorsque le verdit est régulier ou régularisé, le président fait revenir l'accusé et le verdict lui est lu par le greffier.

Article 357. — « Le Président fera comparaître l'accusé et le greffier lira, en sa pré» sence, la déclaration du jury ».

8° Décisions qui suivent le verdict. — Il y a toujours décisions sur l'action publique et, le cas échéant, décisions relatives aux intérêts civils.

En ce qui concerne la décision sur l'action publique, il faut distinguer :

Le verdict du jury déclare l'accusé non coupable. — « Le Président prononcera qu'il » est acquitté de l'accusation et ordonnera qu'il soit mis en liberté, s'il n'est retenu pour » autre cause » (art. 358, alinéa 1).

Le verdict du jury déclare l'accusé coupable. — Ce n'est plus le Président qui statue mais la Cour d'assises.

Au préalable, le Procureur général donne ses réquisitions (art. 362, aliéna 1) ; l'accusé est interpellé à l'effet de savoir s'il a quelque chose à dire pour sa défense. A ce moment, d'après l'article 363 « l'accusé ni son conseil ne peuvent plus plaider que le fait est faux, » mais seulement qu'il n'est pas défendu ou qualifié délit par la loi, ou qu'il ne mérite pas » la peine dont le Procureur général a requis l'application... ».

Toutes les formalités terminées, et lorsque le Ministère public et la défense ont présenté leurs observations, la Cour délibère. Elle rend ensuite un arrêt :

Arrêt *d'absolution*, lorsqu'elle juge qu'il n'y a pas lieu d'appliquer une peine pour le fait dont l'accusé a été reconnu coupable.

Arrêt *de condamnation*, lorsqu'elle juge que le fait doit entraîner l'application d'une peine. Ayant plénitude de juridiction, elle statue qu'il s'agisse d'un crime, d'un délit ou d'une contravention.

Le Président a encore deux formalités à remplir.

Avant de prononcer l'arrêt, il doit donner lecture du texte dont il est fait application (art. 369-2°).

Après avoir lu l'arrêt, il doit avertir le condamné qu'il a trois jours pour se pourvoir en cassation (art. 371, 2e alinéa.)

Intérêts civils. — La Cour peut avoir des décisions à prendre au point de vue des intérêts civils.

En cas d'acquittement, elle peut, à la demande de l'accusé, condamner les dénonciateurs pour calomnie ou, la partie civile à des dommages-intérêts.

Dans tous les cas acquittement ou condamnation, elle peut allouer à la partie civile des dommages-intérêts (art. 366, alinéa 1).

Enfin, la Cour statue d'office sur les restitutions (art. 366, 2 et 3).

D'après l'article 373, le seul recours possible contre les ordonnances et arrêts de la Cour d'assises est le pourvoi en cassation.

II. Non comparution de l'accusé ou procédure par contumace. — L'accusé est mis en état de contumace, lorsqu'il ne se présente pas dans un certain délai après la publication de l'ordonnance de contumace.

La notification de l'arrêt de mise en accusation doit, comme nous l'avons dit, être faite à l'accusé. Au bout de dix jours, l'ordonnance de contumace est rendue par le Président des Assises ou par le Président du Tribunal de première instance.

La loi a prescrit certaines formalités, pour permettre à l'accusé d'avoir connaissance de l'ordonnance de contumace.

Elle doit être signifiée à domicile (art. 470).

Affichée à la porte de l'accusé, à celle du maire, à celle de l'auditoire de la Cour d'assises.

Publiée, à son de trompe ou de caisse, le dimanche qui suit le jour où elle a été rendue (art. 466).

Le délai de dix jours court à partir de la date où la dernière formalité a été remplie. Ce délai expiré, l'accusé devient en contumace.

L'état de contumace entraine pour lui :

La suspension de l'exercice de ses droits civils ; le séquestre de ses biens, l'incapacité d'ester en justice, la privation des garanties de la procédure contradictoire (art. 465, 466 et 468).

Il est jugé par la Cour d'assises seule, sans assistance ni intervention des jurés sans déposition de témoins, sans défenseur. Seul le Ministère public prend la parole pour défendre l'accusation.

La Cour peut rendre, à l'égard du contumax, un arrêt d'acquittement, un arrêt d'absolution ou un arrêt de condamnation (1).

(1) Elle peut également statuer sur les intérêts civils (art. 470, alinéa 4).

L'arrêt de condamnation est publié conformément aux dispositions de l'article 472 (insertion dans un des journaux du département du dernier domicile, affichage).

L'arrêt de condamnation est *résolutoire*, c'est-à-dire que la condamnation par contumace est anéantie par la représentation volontaire ou forcée de l'accusé avant qu'il y ait prescription (art. 476). Cette représentation anéantit les procédures faites contre lui depuis l'ordonnance de prise de corps et il doit être procédé, à son égard, dans la forme ordinaire (même art. 476).

Si, à la suite de la procédure contradictoire, il est acquitté, le contumax doit payer les frais de la contumace (art. 478).

Quid, si le contumax ne se présente pas à l'expiration des délais requis pour la prescription de la peine ? la condamnation est alors irrévocable et tous les effets qu'elle produit deviennent définitifs ; mais il ne faut pas perdre de vue que la peine étant prescrite, son exécution ne peut avoir lieu, même en cas d'arrestation ultérieure du condamné. Au contraire, la dégradation civique, résultant de la condamnation, devient définitive.

CHAPITRE VI

DES RECOURS

Les décisions prises par les juridictions de jugement peuvent être entachées d'erreur ou d'injustice, quelles que soient les précautions prises dans l'organisation de la Justice et les garanties de la procédure.

Il est donc nécessaire, dans certains cas, de pouvoir procéder à un nouvel examen de l'affaire, de là, l'institution des *voies de recours*, qui consistent dans l'organisation de moyens offerts aux parties qui ont succombé, d'attaquer des jugements rendus contre elles et d'obtenir, s'il se peut, des décisions plus favorables.

Les voies de recours peuvent être classées en deux catégories.

La première catégorie comprend les voies de recours qui peuvent être suivies contre les décisions répressives avant qu'elles aient acquis l'autorité de la chose jugée, et pour les empêcher d'acquérir cette autorité. Rentrent dans cette catégorie, *l'opposition, l'appel* (voies de recours ordinaires) ; *le pourvoi en cassation* dans l'intérêt des parties (voies de recours extraordinaire.

La deuxième catégorie comprend celles dont le but n'est pas d'empêcher les décisions répressives d'acquérir l'autorité de la chose jugée. Elles comprennent deux groupes. Dans le premier, il faut ranger le *pourvoi en annulation* formé par le Procureur général à la Cour de cassation.

Dans le second, le *pourvoi en cassation dans l'intérêt de la loi* et le *pourvoi en révision.*

Nous allons passer à l'étude détaillée des diverses voies de recours en suivant l'ordre indiqué par notre division.

§ 1. — Voies de recours pouvant être suivies avant que la décision rendue ait acquis l'autorité de la chose jugée

L'opposition, l'appel, le pourvoi en cassation dans l'intérêt des parties, présentent des traits caractéristiques dans leur organisation et leurs effets.

Toute décision des juridictions de jugement n'est pas souveraine au moment où elle est prononcée et elle admet la possiblité des voies de recours indiquées ci-dessus. Toutefois, il convient de signaler que l'ordonnance d'acquittement dont bénéficie l'accusé n'est susceptible d'aucun recours utile. Elle est souveraine et irrévocable.

Article 360. — « Toute personne acquittée légalement ne pourra plus être reprise ni » accusée, à raison du même fait ».

Les voies de recours se divisent en voies ordinaires et en voies extraordinaires. On entend par voies ordinaires celles qui se présentent en toute circonstance, et, par voies extraordinaires, celles qui ne s'ouvrent que dans le cas limitativement déterminés.

Les voies ordinaires sont celles, en effet, que suivent les parties tant que le cours des juridictions par lesquelles l'affaire peut passer n'est pas régulièrement épuisé. Le but direct du recours est de faire juger à nouveau l'affaire. L'opposition et l'appel sont des voies de recours ordinaire.

Les voies extraordinaires sont par contre, celles qui suivent les parties, lorsque le cours des juridictions est épuisé. Leur but direct est de faire juger, non pas l'affaire, mais la décision attaquée. Le pourvoi en cassation formé par les parties est une voie extraordinaire.

Il y a un intérêt pratique à la distinction :

1° Les voies de recours ordinaires sont, en principe, ouvertes à toutes les parties, sans que celles-ci ait à invoquer des griefs spéciaux pour y avoir droit.

Les voies extraordinaires présentent un caractère opposé. Elles ne sont ouvertes qu'exceptionnellement, par des raisons déterminées et à certaines parties qui, pour recommencer le procès, sont tenues d'abord de faire tomber le jugement en intentant, devant la Cour de cassation, un procès contre la décision elle-même.

2° Elles ne peuvent pas co-exister. Les premières excluent les secondes et réciproquement. Tant qu'une voie de recours ordinaire est ouverte, les voies de recours extraordinaires sont fermées.

Il faut encore signaler que les voies de recours ont un caractère d'ordre public. Comme conséquence, l'exécution d'une décision pénale est subordonnée à l'expiration des délais ouverts aux parties par les voies de recours. Il n'y a pas d'exécution provisoire en matière pénale. L'exécution volontaire d'un jugement ne saurait équivaloir pour l'une ou l'autre des deux parties, Ministère public ou prévenu, à une déchéance de son droit de recours. Les parties ne peuvent valablement renoncer à un recours et l'acceptation d'une sentance ne peut résulter que de l'expiration des délais impartis par la loi pour l'attaquer.

Ces notions générales une fois données, nous allons étudier, dans le détail, l'opposition, l'appel et le pourvoi en cassation dans l'intérêt des parties.

a) **L'opposition.** — L'opposition est une procédure qui permet aux personnes lésées par un jugement, non contradictoire par rapport à elles, d'anéantir ce jugement et de saisir de nouveau la juridiction de qui elle émane.

L'opposition est donc possible contre tous jugements et arrêts par défaut émanant des juridictions de jugement.

Peuvent faire opposition :

Le prévenu condamné et les personnes civilement responsables de ses actes (art. 150 et 187).

La partie civile a également le droit d'y recourir, bien entendu, pour ce qui concerne ces intérêts civils.

Le Ministère public ne peut évidemment y recourir, puisque ce mode de recours est réservé aux personnes à l'égard desquelles les jugements et arrêts sont par défauts.

De même le condamné par contumace n'y a pas droit. Il n'en a d'ailleurs pas besoin, puisque, en se présentant, il anéantit les condamnations prononcées contre lui.

Les jugements et arrêts par défaut sont portés à la connaissance des intéressés par la signification.

L'opposition dans les jugements de simple police doit intervenir au plus tard dans les trois jours qui suivent celui de la signification (art. 151).

Le délai est augmenté d'un jour par trois myriamètres de distance entre le siège du tribunal et le lieu de la signification.

Pour les jugements du Tribunal correctionnel et les arrêts, le délai est, en principe, de cinq jours, avec augmentation d'un jour par cinq myriamètes de distance (art. 187, alinéa 1).

Mais l'article 187, alinéa 3 prévoit une exception « toutefois, dit-il, si la significa- » tion n'a pas été faite à personne ou s'il ne résulte pas d'acte d'exécution du jugement » que le prévenu en a eu connaissance, l'opposition sera recevable jusqu'à l'expiration des » délais de la prescription de la peine. »

Les délais indiqués ci-dessus produisent « l'effet suspensif », c'est-à-dire que le jugement ne peut être mis à exécution tant que ces délais ne sont pas expirés.

L'opposition peut être faite par une *déclaration d'opposition*, ou par une *notification*, en matière de simple police (art. 151).

Pour les jugements du Tribunal correctionnel et arrêts, d'après l'article 187, alinéa 1, le défaillant « forme opposition et notifie son opposition tant au Ministère public qu'à la » partie civile » *par exploit d'huissier*.

L'opposition produit un effet extinctif : elle anéantit la décision rendue par défaut (art. 187-1).

Elle comporte de plein droit citation pour la première audience (art. 151-2).

Si celui qui a fait opposition ne se présente pas à l'audience, son opposition est déclarée nulle et non avenue, et il ne pourra faire opposition de nouveau.

Article 188. — « **Opposition sur opposition ne vaut** ».

S'il comparaît, ou il est débouté, ou le tribunal estime l'opposition régulière. Dans ce dernier cas, le premier jugement est anéanti et l'affaire est examinée à nouveau.

b) **L'appel.** — Il y a deux sortes d'appel :

1° Un appel contre les ordonnances de Juge d'instruction désigné sous le nom « d'opposition » ;

2° Et l'appel proprement dit, contre les jugements en premier ressort du Tribunal de simple police ou du Tribunal correctionnel.

Nous avons déjà eu à parler de l'opposition contre les ordonnances du Juge d'instruction (instruction par le Juge d'instruction).

Le droit d'opposition appartient au prévenu, au Ministère public, à la partie civile (art. 135).

Le Ministère public, Procureur de la République ou Procureur général, peut former opposition *dans tous les cas.* (1)

Le prévenu peut faire opposition à l'ordonnance qui lui refuse la mise en liberté provisoire, à celle par laquelle le juge se déclare compétent, malgré le déclinatoire d'incompétence présenté par le dit prévenu.

La partie civile peut former opposition, d'une manière générale, contre toute ordonnance faisant grief à des intérêts civils.

Le délai d'opposition est de vingt-quatre heures, sauf pour le Procureur général qui a dix jours (art 139, alinéa 1 et 10).

Le Procureur général forme son opposition par notification. Article 10 : « Il devra » *notifier* son opposition dans les dix jours ».

Le prévenu ou la partie civile peuvent procéder par notification ou par déclaration au greffe du tribunal.

L'opposition aux ordonnances du Juge d'instruction a un double effet : effet suspensif, effet dévolutif.

L'exécution de l'ordonnance est suspendue jusqu'à ce qu'il ait statué, et si l'opposition est admise, c'est la Chambre des mises en accusation qui est saisie (art. 635, alinéa 6).

La procédure est la même que lorsque la Chambre est saisie par ordonnance de transmission (voir chap. III, instruction, Chambre des mises en accusation).

La Chambre peut rendre les arrêts suivants :

Un arrêt de rejet, si elle juge l'opposition irrégulière ;

Et, si elle procède à un nouvel examen de l'affaire, elle peut confirmer l'ordonnance ou la réformer.

Appel des jugements du Tribunal de simple police et du Tribunal correctionnel. — *Article 174.* — « L'appel des jugements rendus par le Tribunal de police sera porté au » Tribunal correctionnel. »

Article 201. — « L'appel des jugements du Tribunal correctionnel est porté devant » une Chambre de la Cour d'appel (Chambre des appels correctionnels) ».

1° Jugements susceptibles d'appel. — 1° *Jugements du Tribunal de simple police* : Ceux qui prononcent l'emprisonnement ou une amende en principal supérieure à cinq francs.

2° *Jugements du Tribunal correctionnel* : Tous les jugements *définitifs* sont susceptibles d'appel ; les jugements d'avant dire droit sur la compétence le sont également, les jugements *interlocutoires* aussi, mais les jugements *préparatoires* ne peuvent être frappés d'appel qu'avec le jugement définitif (2).

Le jugement interlocutoire est un jugement d'avant dire droit par lequel le tribunal

---

(1) Exception prévue à l'art. 94, ordonnance accordant la liberté provisoire d'office sur les conclusions du Procureur de la République.

(2) Ne sont pas susceptibles d'appel les jugements rendus par le Tribunal correctionnel en matière de simple police.

ordonne « une preuve, une vérification ou une instruction *qui préjuge le fond* » (procéd. civile art. 452, alinéa 2).

Le jugement préparatoire est un jugement « par lequel tribunal ordonne ou rejette » l'emploi d'une mesure d'instruction *qui ne préjuge pas le fond* » (procéd. civile, art. 452, 1 et 2).

2° Qui peut former l'appel. — 1° *Tribunal de simple police :* Les personnes contre qui ont été prononcés les condamnations indiquées à l'article 172 (emprisonnements, amendes supérieures à cinq francs en principal).

2° *Tribunal correctionnel :* D'après l'article 202, le prévenu, les personnes civilement responsables, la partie civile, l'administration forestière (1), le Ministère public : Procureur de la République ou Procureur général.

3° Délai de l'appel. — L'appel doit, en principe, être interjeté dans les dix jours qui suivent le point de départ du délai d'appel (art. 174-1 et 203).

Le point de départ du délai est le lendemain du jour où le jugement a été prononcé, pour les parties non défaillantes, et le lendemain de la signification du jugement à personne ou à domicile pour les parties défaillantes (art. 174 et 203).

L'article 205 impartit au Procureur général un délai de deux mois « à compter de » de deux mois à compter du jour de la prononciation du jugement ».

4° Forme de l'appel. — L'appel se forme par une déclaration faite au greffe du du tribunal qui a rendu le jugement.

Le Procureur général adresse une notification au prévenu et aux personnes civilement responsables (art. 205).

5° Effets de l'appel. — Il produit un effet suspensif et un effet dévolutif.

En principe, d'après les articles 173 et 203, l'effet suspensif entraîne « sursis à l'exécution » du jugement frappé d'appel, jusqu'à ce qu'il ait été statué sur l'appel.

Par exception sont exécutoires, malgré l'appel, les jugements qui impliquent la mise en liberté du prévenu (jugement qui acquitte le prévenu, jugement qui le condame à l'emprisonnement avec sursis, jugement qui condamne le prévenu à l'amende).

L'appel a un effet dévolutif, en ce qu'il saisit la juridiction du second degré, de la connaissance de l'affaire qui a été jugée par la juridiction du premier degré. Il faut bien noter, cependant, que l'appel n'anéantit pas le jugement de première instance. Le tribunal ne peut prendre que deux partis : 1° il a le droit de rejeter la demande d'appel et de confirmer le premier jugement ; 2° il a le droit de le réformer *au profit* de l'appelant, mais jamais *à son détriment.*

6° Instruction de l'appel. — L'instruction faite par le Tribunal correctionnel, quand il est juge d'appel, est la procédure sommaire civile. L'article 174 *in fine* dit, en effet :

(1) Ou toutes autres administrations qui participent à l'exercice de l'action publique.

« il (l'appel) sera suivi et jugé dans la même forme que les appels des sentences des » Justices de paix ».

L'instruction faite par la Chambre des appels correctionnels est régie par les articles 209 et 210 : lecture d'un rapport par un conseiller, interrogatoire du prévenu, audition des témoins, réquisitions du Ministère public, plaidoiries.

7° Jugement de l'appel. — L'appel peut être irrecevable comme irrégulier en la forme ou tardif.

S'il est recevable, il peut donner lieu à la confirmation du premier jugement ou à sa réformation dans un sens favorable à l'accusé.

Il peut même, si la juridiction d'appel estime que le jugement attaqué est entaché de nullité, donner lieu à l'annulation du dit jugement.

Les décisions rendues par les juridictions d'appel sont susceptibles d'opposition de la part des défaillants ou de pourvoi en cassation, mais un second appel n'est pas possible.

c) **Pourvoi en cassation dans l'intérêt des parties.** — En quoi consiste ce pourvoi ? Il permet à l'une des parties au procès respressif de demander à la Cour de cassation d'annuler un jugement en dernier ressort, rendu à son préjudice.

La Cour de cassation se borne à examiner si le jugement est conforme à la loi. Elle le maintient ou l'annule, le cas échéant.

1° Conditions de recours. — 1° Il faut que la décision ait été rendue sur le fond, ou qu'il y ait jugement de compétence ;

2° Il faut que tous les recours ordinaires soient épuisés ;

3° Il faut que la partie qui intente le pourvoi ait intérêt à l'annulation, qu'il s'agisse du Ministère public ou de toute autre partie.

Une exception est prévue, lorsqu'il y a acquittement. Le Ministère public ne peut intenter le pourvoi contre l'ordonnance d'acquittement.

Article 409. — « Dans le cas d'acquittement de l'accusé, l'annulation de l'ordonnance » qui l'aura prononcé et de ce qui l'aura précédé, ne pourra être poursuivie par le Minis- » tère public que dans l'intérêt de la loi *et sans préjudice à la partie acquittée.* »

En ce qui concerne le prévenu qui intente le pourvoi, la Cour de cassation ne peut annuler le jugement, que si cette annulation lui est profitable.

La partie civile ne peut agir devant la Cour de cassation que pour ce qui concerne des intérêts civils.

2° Délai. — Il y a un délai de droit commun fixé par l'article 373.

Le délai est de trois jours francs après celui où le jugement ou l'arrêt aura été prononcé.

L'article 296 prévoit un délai exceptionnel de cinq jours, dans certains cas déterminés, soit par le Ministère public, soit par l'accusé.

Article 296. — « Le juge avertira l'accusé que, dans le cas où il se croirait fondé à » former une demande en nullité, il doit faire sa déclaration dans les cinq jours suivants... »

Il s'agit des cinq jours qui suivent l'interrogatoire auquel le Président doit procéder avant l'audience.

Les cas dans lesquels ce délai exceptionnel de cinq jours est possible sont fixés par l'article 299.

Article 299. — « La demande en nullité ne peut être formée que contre l'arrêt de « renvoi (devant la Cour d'assises) et dans les quatre cas suivants : 1° Pour cause d'incom- « pétence; 2° Si le fait n'est pas qualifié crime par la loi ; 3° Si le Ministère public n'a pas « été entendu ; 4° Si l'arrêt n'a pas été rendu par le nombre de juges fixé par la loi ».

Un délai exceptionnel est également prévu pour la partie civile qui a été condamnée à des dommages-intérêts envers l'accusé ; c'est le délai de vingt-quatre heures de l'article 374. Il s'applique lorsque la partie civile a été condamnée envers l'accusé acquitté ou absous à plus de dommages-intérêts qu'il n'en réclamait.

Ses délais ne peuvent courir que dès l'instant où le jugement est connu par la partie intéressée. Par conséquent, pour l'inculpé ou la partie civile qui n'aurait pas assisté à la lecture du jugement, le délai court à partir de la signification.

3° Formalités du pourvoi. — Le pourvoi se forme par une déclaration au greffe du Tribunal ou de la Cour dont le jugement ou l'arrêt est attaqué (art. 373 et 417).

La déclaration se fait personnellement, par avoué ou par procuration.

Certaines personnes sont tenues de consigner une amende (1) (partie civile, condamnés en matière correctionnelle et de police à des peines n'emportant pas l'emprisonnement).

Enfin pour certains condamnés, la mise en état est une condition de recevabilité.

La mise en état consiste pour eux à se constituer prisonniers avant que leurs affaires viennent en audience. Il faut qu'il s'agisse d'individus condamnés à des peines comportant un emprisonnement de plus de six mois.

4° Effets du pourvoi. — Le pourvoi produit un effet suspensif et un effet dévolutif (art. 373 et 425).

En raison de l'effet suspensif, il est sursis à l'exécution de la décision frappée de pourvoi jusqu'à ce que la Cour de cassation ait statué.

Par l'effet dévolutif, la Cour de cassation se trouve saisie de l'examen de la décision attaquée.

5° Instruction par la Cour de cassation. — L'affaire est mise en état, c'est-à-dire que toutes les pièces et mémoires sont transmis à la Cour par le Ministère public dix jours après la déclaration de pourvoi. Un conseiller de la Cour de cassation est chargé de faire un rapport. Le Parquet est saisi à son tour et prépare ses conclusions. Toutes les pièces sont retournées au greffe de la Chambre criminelle de la Cour de cassation. L'affaire peut alors venir à l'audience.

A l'audience, lecture de son rapport par le conseiller rapporteur, plaidoiries des avocats des parties et conclusions du Parquet par le Procureur général ou l'Avocat général.

---

(1) Amende de 75 francs ou 150 francs au principal.

6° Les arrêts. — Tous les arrêts sont motivés par la Chambre criminelle de la Cour de cassation :

Arrêt avant faire droit, arrêt portant « il n'y a lieu à statuer », arrêt de déchéance, arrêt de rejet, arrêt d'admission.

1° L'arrêt avant faire droit ordonne l'apport de nouvelles pièces pour éclairer la Cour ;

2° L'arrêt « il n'y a lieu à statuer » termine le procès répressif et il est rendu lorsque l'intérêt qu'avait le demandeur quand il a formé son pourvoi a cessé d'exister ;

3° L'arrêt de déchéance est rendu si le demandeur n'a pas rempli ses obligations (consignation d'amende, mise en état) ;

4° L'arrêt de rejet est rendu lorsque le pourvoi est irrégulier ou non fondé.

Ces trois derniers arrêts n'admettent donc pas le pourvoi.

5° *L'arrêt de cassation* ou arrêt qui admet le pourvoi ; *conditions et effets.* — La Chambre criminelle rend un arrêt de cassation lorsque le pourvoi est recevable et fondé. Il est fondé, quand il y a un motif de cassation, violation de la loi, soit dans la procédure, soit dans le fond du jugement.

La cassation d'un jugement ou d'un arrêt est l'annulation de ce jugement ou de cet arrêt et de tout ce qui l'a précédé, du plus ancien acte nul ; mais l'affaire ne se trouve pas pour cela solutionnée sur le fond, car la Cour de cassation n'a pas qualité pour connaître du fond des affaires. Elle doit donc la renvoyer à une autre juridiction.

Les principes du renvoi sont posés par les articles 427 et 429. Il doit être fait à d'autres juges que ceux qui ont rendu la décision cassée, mais à des juges de même qualité que ceux qui ont rendu cette première décision.

Ces principes reçoivent exception dans trois cas prévus à l'art. 429, alinéas 4, 5 et 6.

1° Lorsque la cassation ne vise que les dispositions de l'arrêt relatives aux intérêts civils, le renvoi est fait à un tribunal civil ;

2° Lorsqu'il y a cassation motivée par l'absence de caractère délictueux dans l'acte incriminé au prévenu, le renvoi est fait devant un tribunal civil de première instance, s'il y a une partie civile en cause ;

3° Lorsqu'il y a cassation par incompétence de juridiction, le renvoi est fait « au juge » qui doit en connaître » et c'est la Cour de cassation qui désigne ce juge.

La juridiction de renvoi juge l'affaire et fait son instruction comme si elle était entièrement nouvelle. Elle prend la décision qu'elle croit devoir prendre sans avoir à se préoccuper de la décision cassée.

Il peut y avoir encore pourvoi contre la décision de la juridiction de renvoi. Comment procède-t-on ? Il faut prévoir deux hyphothèses :

1° La juridiction de renvoi, par sa décision, ne s'est pas mise en contradiction avec la doctrine de la Chambre criminelle de la Cour de cassation. Cette dernière juge alors le pourvoi comme un pourvoi ordinaire.

2° La juridiction de renvoi s'est mise en opposition avec la doctrine de la Chambre criminelle. Il y a donc conflit sur un point de droit.

Dans cette seconde hypothèse, la Chambre criminelle, sur le nouveau pourvoi, constate le conflit et, au lieu de prendre une décision, elle prononce elle-même le renvoi de son propre jugement aux Chambres réunies de la Cour de cassation (art. 1er loi du 1er avril 1837).

Les Chambres réunies peuvent juger que c'est la juridiction de renvoi qui a raison, c'est-à-dire que c'est elle qui est dans la saine doctrine et non la Chambre criminelle. Alors, elles rendent un arrêt qui rejette le deuxième pourvoi.

Si elles estiment, au contraire, que c'est la Chambre criminelle qui est dans la bonne doctrine, elles rendent un arrêt cassant le jugement de la juridiction de renvoi et elles renvoient de nouveau l'affaire devant une deuxième juridiction.

Cette deuxième juridiction conserve sa liberté pour juger *en fait*, mais, sur le point de droit, elle est liée par la décision de la Cour de cassation.

6° *Cassation sans renvoi.* — 1° Il n'y a pas renvoi, lorsque le fait qui a donné lieu à une condamnation ne constitue pas une infraction « s'il n'y a de partie civile en cause » (art. 429).

La jurisprudence, par extension de cette disposition, admet qu'il n'y a pas lieu à renvoi, toutes les fois que le fait pour lequel l'inculpé a été condamné ne peut entraîner l'application de peine (prescription, par exemple, de l'action publique).

2° Il n'y a pas non plus renvoi, lorsque la cassation s'opère *par voie de retranchement*. Que faut-il entendre par voie de retranchement ? Il y a cassation par voie de retranchement, lorsqu'il se trouve, dans une décision, susceptible de pourvoi, une disposition entachée de nullité, et que cette disposition peut être détachée des autres sans modifier ni ébranler la décision.

La Cour se contente alors d'annuler cette seule disposition.

§ 2. — Voies de recours pouvant être suivies lorsque la décision rendue a acquis l'autorité de la chose jugée

La deuxième catégorie des voies de recours comprend celles dont le but n'est pas d'empêcher les décisions répressives d'acquérir l'autorité de la chose jugée. Elles se divisent en deux groupes.

Le premier groupe ne comprend qu'un recours, celui qui a pour but d'assurer le respect de la loi dans l'administration de la justice. Elle tend à faire prononcer l'annulation de tous les actes judiciaires contraires à la loi, c'est le pourvoi en annulation formé par le Procureur général de la Cour de cassation, sur l'ordre formel du Garde des Sceaux (art. 441 du Code).

L'objet de ce pourvoi n'est pas d'empêcher la décision qui en est frappée d'acquérir force de chose jugée ou de faire tomber cette décision. Cet objet est plus haut et plus général. Il s'agit de faire disparaître des actes judiciaires illégaux. Toutefois, lorsqu'une décision passée en force de chose jugée est annulée par la Cour sur ce pourvoi, la décision est effacée et anéantie dans la mesure où elle peut l'être sans préjudicier aux droits des parties.

Le second groupe comprend deux espèces de recours, d'une nature très différente : le pourvoi en cassation dans l'intérêt de la loi et le pourvoi en révision.

Le pourvoi en cassation dans l'intérêt de la loi est établi par l'article 442. Il n'a pas pour but et n'a pas pour résultat de faire tomber la chose jugée. Lorsqu'il est admis par la Cour de cassation, le jugement subsiste avec tous ses effets, bien qu'il soit annulé ; mais une leçon théorique se dégage de la cassation et c'est pour la donner que ce recours est utilisé.

Le pourvoi en révision a un caractère tout autre. Il implique qu'une erreur judiciaire a été commise au préjudice d'un condamné, et tend à faire prononcer l'annulation de la condamnation pour permettre de reviser le procès.

La voie de recours de *la tierce opposition* est absolument fermée par les lois de la procédure pénale. Elle ne s'applique qu'en matière de procédure civile.

a) **Pourvoi en cassation dans l'intérêt de la loi.** — Nous venons de voir que ce pourvoi a pour but unique d'assurer l'exacte interprétation de la loi et l'uniformité de jurisprudence.

Il peut, en principe, être formé contre une décision susceptible de pourvoi en cassation dans l'intérêt des parties, à la condition que ce dernier pourvoi n'ait pas été exercé dans le délai imparti par la loi (art. 442).

L'ordonnance d'acquittement est, par exception, toujours sujette au pourvoi dans l'intérêt de la loi.

D'après l'article 442, c'est le Procureur général à la Cour de cassation qui a seul qualité pour former ce pourvoi. Il le forme d'office. (1)

Le pourvoi dans l'intérêt de la loi ne peut être formé avant l'expiration du délai de pourvoi dans l'intérêt des parties, mais à l'inverse, il n'est jamais trop tard pour le former.

Il est jugé par la Chambre criminelle de la Cour de cassation. La procédure aboutit, soit à un arrêt de rejet, soit à un arrêt de cassation.

L'arrêt de cassation a pour effet : 1° L'insertion de l'arrêt dans le bulletin de la Cour de cassation ; 2° La transcription de cet arrêt sur les registres de la juridiction qui a rendu la décision annulée (art. 85 de la loi du 27 ventôse an VIII).

b) **Pourvoi en révision.** — Il tend à faire connaître qu'un individu a été victime d'une erreur judicaire.

Il ne peut jamais y avoir révision contre les acquittements et les renvois d'instance, mais seulement contre les condamnations.

D'après l'article 443, sont seules sujettes à révision les condamnations prononcées « en matière criminelle ou correctionnelle ». (2).

La révision peut, en général, être demandée lorsqu'il y a *fait nouveau* (loi du 8 juin 1895, art. 443 du Code).

Elle peut également être demandée dans les cas suivants :

1° Lorsqu'il y a des indices suffisants pour établir l'existence de la prétendue victime d'un homicide (art. 443, alinéa 1) ;

(1) Par exception, le Ministère public près la Cour d'assises a le droit de se pourvoir dans l'intérêt de la loi contre les ordonnances d'acquittement (art. 409 et 374).

(2) La révision n'est pas ouverte contre les contraventions de simple police.

2° Lorsqu'il y a deux condamnations, ou mieux deux individus condamnés pour un même fait, la contradiction sera la preuve de l'innocence de l'un ou de l'autre (art. 443-2°).

3° Lorsque, postérieurement à la condamnation, un témoin sera poursuivi et condamné pour faux témoignage contre l'accusé (art. 443-3°).

Procédure de la demande en révision. — Le pourvoi en révision peut être demandé par le Ministre de la Justice, par le condamné ou, en cas d'absence et de décès de ce dernier, par les conjoint, enfants, parents, légataires (art. 444, alinéa 1).

S'il s'agit d'un fait nouveau, le Ministre de la Justice a seul qualité pour demander la révision.

Le Ministre de la Justice n'est soumis à aucun délai

En ce qui concerne les parties privées, la demande en révision doit être faite dans le délai d'un an à dater du jour où elles « auront connu le fait donnant ouverture à la » révision » (art. 444-4°).

La demande en révision est portée devant la Chambre criminelle de la Cour de cassation, par les soins du Procureur général à cette même cour et sur l'ordre exprès du Ministre de la Justice.

Jugement de la demande. — En premier lieu, il faut examiner si le pourvoi est recevable en la forme ; en deuxième lieu, si le motif invoqué est un de ceux qui autorisent la révision.

Si le pourvoi n'était pas recevable en la forme, ou pour le motif, la Chambre criminelle rendrait immédiatement un arrêt de rejet.

Si le pourvoi est recevable, il y a lieu d'examiner le bien-fondé de la demande, c'est-à-dire de résoudre une question de fait. La solution de la question est confiée à la Cour de cassation, qui, par exception, est ainsi appelée à connaître du fond d'une affaire.

La Chambre criminelle pourra, à cet effet, entendre des témoins, les confronter, ordonner des expertises ou faire procéder aux actes d'instruction par des commissions rogatoires.

La Chambre criminelle peut, si le pourvoi n'est pas fondé, rendre un arrêt de rejet, dans le cas contraire, elle rend un arrêt d'admission de pourvoi qui annule la condamnation.

En général, lorsqu'il y a annulation de la condamnation, la Chambre criminelle renvoie le jugement de l'innocence du condamné à une juridiction du même degré que celle qui a rendu le jugement cassé.

La juridiction de renvoi conserve sa liberté d'appréciation. Elle peut déclarer le condamné innocent ou le déclarer coupable, en prononçant une nouvelle peine. Dans ce dernier cas, le jugement rendu est sujet à révision.

Dans deux cas exceptionnels, la Chambre criminelle statue elle-même sur l'innocence du condamné. Ils sont prévus à l'article 445, alinéas 4 et 5.

1° *Premier cas.* — La Chambre criminelle constate d'une façon expresse que l'action publique ou la peine sont prescrites ou qu'il est impossible de procéder à nouveau à des débats oraux entre toutes les personnes qui ont été parties au procès ;

2° *Deuxième cas* (art. 445-5°). — « Si l'annulation de l'arrêt à l'égard du condamné » ne laisse rien subsister qui puisse être qualifié crime ou délit, aucun renvoi ne sera » prononcé ».

La reconnaissance de l'innocence d'un condamné entraîne l'insertion au *Journal Officiel* et un certain affichage.

Il peut aussi être accordé une indemnité pécuniaire à un condamné reconnu innocent ou à ses héritiers, quand ils la demandent.

c) **Du pourvoi en cassation sur l'ordre du Ministre de la Justice.** — Il est formé dans l'intérêt de la bonne administration de la justice répressive. C'est un moyen pour le Garde des Sceaux de déférer à la censure de la Cour de cassation tous les actes d'administration de la justice qui ne sont pas conformes à la loi.

D'après l'article 441 du Code, il peut être dirigé contre tous « actes judiciaires, arrêts » ou jugements contraires à la loi ».

Le pourvoi est formé par le Procureur général près la Cour de cassation, sur l'ordre formel du Ministre de la Justice.

Il n'est soumis à aucune condition de délai. Il est strictement restreint à la critique adressée par le Garde des Sceaux à l'acte judiciaire ou au jugement. N'étant pas établie dans l'intérêt des parties, la cassation n'aboutit pas, en principe, à modifier leur situation respective.

Cependant, si l'intérêt de la bonne administration de la justice se rencontre avec l'intérêt d'une partie, la cassation résultant de ce pourvoi produira ses effets vis-à-vis de la dite partie. Ce sera le cas, si la cassation profite à l'inculpé qui a été condamné. La bonne administration de la justice ne peut admettre qu'un condamné subisse une peine prononcée contrairement à la loi.

CHAPITRE VII

QUESTIONS DIVERSES

§ 1. — De la chose jugée et ses effets

Il y a *chose jugée*, quand une décision répressive ne peut faire l'objet d'aucun recours ordinaire ou du pourvoi en cassation dans l'intérêt des parties.

Il y a alors présomption légale que ce qui a été jugé est considéré comme étant l'expression de la vérité. L'autorité de la chose jugée repose entièrement sur l'intérêt social. Il est évidemment nécessaire que tout procès ait une fin.

Le jugement devenu irrévocable a plusieurs effets :

1° Le jugement dessaisit le juge ;

2° Il épuise l'action publique ;

3° Il ouvre le droit d'exécution.

1° Le jugement dessaisit le juge. — D'où trois conséquences :

En premier lieu, dès qu'un jugement est prononcé, le Tribunal n'en est plus maître. Il ne peut ni le modifier, ni en changer les termes.

En deuxième lieu, le Tribunal ne peut non plus se réserver, en prononçant une décision contradictoire, le droit de revenir soit sur l'acquittement, soit sur la condamnation prononcée.

Enfin, en troisième lieu, les mesures d'instruction ordonnées ont un caractère définitif.

2° Le jugement épuise l'action publique. — Le second effet du jugement est d'épuiser les actions qui ont été déduites en justice. C'est dans ce sens qu'on classe, parmi les causes d'extinction des actions publique et civile, la chose définitivement jugée. Un jugement a autorité de force jugée, dès qu'il est rendu et alors même qu'il n'est pas définitif. Il n'a force de chose jugée que s'il n'est plus attaquable. Le jugement fournit donc aux parties une fin de non recevoir qui lui permet de s'opposer à ce que le procès soit recommencé.

Le jugement met fin au litige, il fixe d'une manière absolue le caractère et la criminalité du fait, et il établit définitivement si l'accusé est ou non coupable.

3° Le jugement ouvre le droit d'extinction. — A ce point de vue, il y a deux sortes de jugement : *ceux qui acquittent ou absolvent* et dont l'effet négatif est de mettre l'inculpé hors de peine ; *ceux qui condamnent* et dont l'effet positif est de constituer un titre d'exécution de la peine.

L'exécution de la peine peut être suspendue par la sentence même qui la prononce.

Elle peut être éteinte par des circonstances spéciales telles que la prescription, la mort du condamné, la grâce, la réhabilitation.

Il va de soi que la mort du condamné, la grâce, la réhabilitation entraînent l'extinction de la peine. Nous nous contenterons donc de donner quelques indications sur la prescription des peines.

La prescription des peines est une prescription d'ordre public, comme la prescription des actions qui naissent de l'infraction.

Les articles 635, 636 et 637 du Code fixent le délai de la prescription.

Le délai est de *vingt ans en matière criminelle*, de *cinq ans en matière correctionnelle*, de *deux ans en matière de contraventions*.

En matière criminelle, le point de départ de la prescription est la date de la condamnation.

En matière correctionnelle et de simple police, le point de départ est la date du jugement en dernier ressort ou si la condamnation est en premier ressort, à compter du jour où l'appel n'est plus possible.

Disons en terminant que l'imputation de la détention préventive sur la durée de la peine a toujours lieu de plein droit.

L'imputation n'est pas obligatoire pour le juge et il a le droit de l'écarter par une décision spéciale et motivée. Toutefois elle s'impose dans les deux cas prévus à l'article 24, alinéa 2 du Code pénal.

1° Celui dans lequel le condamné a exercé un recours avec succès, c'est-à-dire où il a obtenu une réduction de peine sur son appel ou à la suite de son pourvoi.

2° Celui dans lequel le condamné n'a pas exercé de recours contre le jugement ou l'arrêt qui prononce la peine privative de liberté.

§ 2. — Notions sur l'organisation et le fonctionnement de la Cour de cassation Pouvoirs des Préfets en matière pénale

La Cour de cassation a été instituée par le décret des 27 novembre et 1er décembre 1792 sous le nom de *Tribunal de cassation*.

D'après l'article 3 du décret, la mission de la Cour est la suivante : « Elle annulera » toutes procédures dans lesquelles les formes auront été violées et tout jugement qui » contiendra une contravention expresse aux termes de la loi ».

Et plus loin « elle ne pourra connaître du fond des affaires ».

La Cour de cassation ne peut donc connaître du fond des affaires et doit les renvoyer aux tribunaux qui devront en connaître.

La Cour de cassation ne juge pas les procès, elle juge les jugements. Sa raison d'être est d'établir en France l'uniformité de jurisprudence. Elle y parvient en annulant systématiquement, au fur et à mesure qu'ils lui sont déférés, tous les jugements et arrêts qui ne respectent pas sa doctrine.

Ainsi que nous l'avons indiqué au chapitre VI (des recours), les pourvois intentés en matière répressive sont jugés par une section de la Cour de cassation dite *Chambre criminelle*.

Les autres Chambres de la Cour n'y participent que lorsqu'il y a lieu à jugement par *les Chambres réunies*.

Organisation de la Cour de cassation. — Les magistrats qui font l'office de juges à la Cour de cassation sont au nombre de quarante-neuf, dont : un Premier Président, trois Présidents de Chambre et quarante-cinq Conseillers.

Il y a trois chambres : la *Chambre des requêtes*, la *Chambre civile* et la *Chambre criminelle*.

Chaque Chambre se compose de son Président et de quinze Conseillers. Le Premier Président préside ordinairement la Chambre civile.

La Chambre des requêtes et la Chambre civile s'occupent des pourvois civils, la Chambre criminelle statue sur les demandes en cassation en matière criminelle, correctionnelle et de police.

Pour que le jugement d'une Chambre soit valable, il faut que onze membres au moins, Président et Conseillers, aient siégé.

Le Ministère public près la Cour de cassation se compose du Procureur général et de six Avocats généraux.

Il y a à la Cour un greffier chef et des commis-greffiers assermentés.

Il y a également près la Cour soixante avocats. Ils sont avoués en même temps qu'avocats. Ils sont, en outre avocats au Conseil d'Etat.

Pouvoirs des Préfets en matière pénale. — D'après l'article 10 du Code, le Préfet de police à Paris et les Préfets des départements ont le double pouvoir :

1° De requérir les officiers de police judiciaire de remplir les actes de leurs fonctions ;

2° De faire personnellement tous actes nécessaires à l'effet de constater les crimes, délits et contraventions, et d'en livrer les auteurs aux tribunaux chargés de les punir.

Ils ne relèvent que du Ministre de l'Intérieur.

Les pouvoirs des Préfets leur permettent notamment de mettre un individu en état de détention préventive, de perquisitionner, de saisir toutes pièces à conviction et même d'ouvrir une instruction parallèle à celle dont est saisi le Juge d'instruction.

La critique la plus sérieuse que l'on puisse adresser à l'article 10, c'est qu'il sert trop souvent à tourner la loi du 8 décembre 1897 sur l'instruction préparatoire. Il arrive couramment, que lorsqu'un crime a été commis et qu'une instruction est ouverte, les agents de la sûreté, arrêtent un individu, le conduisent au Chef de la sûreté. Ce dernier agissant au nom du Préfet de police, procède à des perquisitions, saisit des pièces, « cuisine » comme il l'entend le prévenu, et ce n'est qu'après tout cela qu'il se décide à transmettre l'affaire au Juge d'instruction. Les mesures de protection établies par la loi de 1897 en faveur de l'inculpé, deviennent, dans ce cas, à peu près inutiles.

TABLE DES MATIÈRES

Imprimerie de l'Ouest. — Angle des rues Dauphine et Alcide-d'Orbigny, La Rochelle

ÉCOLE DU GÉNIE CIVIL

Pour l'Industrie, la Marine, l'Armée, les Grandes Écoles et les Administrations

152, Avenue Wagram, PARIS (17e)

Directeur : M. Julien GALOPIN ✪, Ingénieur

BULLETIN DE RENSEIGNEMENTS

(A renvoyer à l'École)

NOTA. — Le présent bulletin n'engage en rien la personne qui le remplit. Il est simplement destiné à donner à l'École des renseignements précis, soit sur les cours à suivre, soit sur la situation que l'on désire obtenir.

(L'École est heureuse de renseigner gratuitement et aussi complètement que possible toutes les personnes qui s'adressent à elle)

Nom et prénoms du candidat	
Adresse..............................	
Lieu et date de naissance	
Établissements scolaires qu'a fréquentés le candidat...	
Quelles classes a-t-il faites?...........	
Grades universitaires..................	
Quelles sont exactement ses connaissances mathématiques..............	
Connaissances techniques ou manuelles.	
Quels emplois le candidat a-t-il occupés?	
Situation actuelle.....................	
Quelle section, partie de section ou cours désire-t-il suivre?..............	
Quelle situation ou quel concours a-t-il en vue?......................	

A .... le 19

Signature du Candidat :

Enregistré à Paris, le .... *Visa du Chef de Service.*

ENSEIGNEMENT PAR CORRESPONDANCE

Détachez cette feuille et adressez-la après l'avoir remplie à la Direction de l'École, 152, Avenue Wagram, Paris ; vous recevrez gratuitement un programme très complet sur un grand nombre de carrières. Si par hasard les renseignements que nous vous fournissons ne vous étaient pas utiles, ils le seraient certainement à quelques-uns de vos amis.

ÉCOLE DU GÉNIE CIVIL

Pour l'Industrie, la Marine, l'Armée, les Grandes Ecoles et les Administrations

152, Avenue de Wagram, Paris (XVIIe)

ENSEIGNEMENT PAR CORRESPONDANCE

L'École du Génie Civil possède, outre des cours sur place très appréciés, un **Enseignement par Correspondance** dont le succès toujours croissant depuis 15 ans, a porté la renommée de l'Ecole dans toutes les parties du monde.

Nous résumons succinctement les causes des brillants succès de l'Ecole. Les personnes désireuses d'être complètement renseignées sur son fonctionnement n'auront qu'à demander le **Programme officiel, qui leur sera adressé gratuitement par la Direction**.

1° L'Ecole ne faisant aucun bénéfice sur son enseignement a pu établir des prix de préparation qu'**aucun établissement commercial** ne pourrait faire.

2° Etant la seule école de ce genre qui **soit subventionnée** en raison de la haute valeur de son enseignement, et **recevant chaque année de nouvelles subventions**, le prix de ses préparations va sans cesse en diminuant tandis que le nombre des cours augmente continuellement.

3° Son personnel très sévèrement sélectionné, ne se compose que de professeurs, d'ingénieurs ou d'officiers ayant tous une certaine célébrité par les travaux qu'ils ont faits.

4° La moyenne des élèves reçus au concours et examens a dépassé jusqu'ici 95 %.

5° Tous les élèves se préparant aux carrières industrielles ou non reçus aux examens **sont rapidement placés par les soins de l'Ecole**.

6° Grâce aux nombreux ouvrages de l'Ecole (300 cours imprimés ou autographiés), réimprimés chaque année, les élèves ont non seulement les plus grandes facilités pour s'instruire, mais lorsqu'ils ont quitté l'Ecole ils peuvent encore suivre très rapidement les progrès réalisés chaque jour dans la Mécanique ou les Sciences.

7° Les diplômes de l'Ecole sont très appréciés dans la Marine marchande et dans l'Industrie, à cause des capacités reconnues de nos élèves.

8° Les anciens Elèves de l'Ecole sont groupés en Association, ce qui permet à tous les adhérents de la Société d'être prévenus immédiatement des divers avantages pouvant les intéresser.

9° Une revue technique mensuelle, le « *Motor* », qui a justement et très rapidement acquis une place dans la littérature technique, traite de sujets originaux et fort intéressants. Elle est distribuée **gratuitement** aux membres de l'Association, ainsi qu'un **Bulletin Administratif** qui est en quelque sorte le *Journal officiel* des membres de l'Association en même temps que leur *Tribune libre*.

10° Les ouvrages de l'Ecole du Génie Civil sont adoptés par les Ecoles de la Marine et par de **nombreuses Ecoles Industrielles**.

L'ENSEIGNEMENT PAR CORRESPONDANCE

SES AVANTAGES

L'enseignement par correspondance, créé en Amérique où il est fort répandu, n'a aucun rapport avec d'autres méthodes d'enseignement par correspondance qui naissent chaque jour. Cet enseignement, qui a exigé près de quinze années d'efforts ininterrompus, se plie à toutes les situations, à toutes les exigences, évite tout dérangement à l'élève qui peut n'y consacrer que ses moments de loisirs. Il permet à tous de conquérir une situation ou d'améliorer une situation déjà acquise.

L'enseignement est individuel : l'élève en fixe lui-même le commencement et la durée ; les leçons qu'il reçoit lui sont personnelles.

Le bagage de l'enseignement par correspondance se compose :

1° *D'ouvrages édités par l'École spécialement pour le* **travail chez soi ;**

2° *De séries d'exercices englobant toute la substance des cours et exigeant pour être résolues la connaissance approfondie de ces cours ;*

3° *D'un tableau de travail ou plan d'études fixant, pour chaque période de travail dont la durée varie de 8 ou 15 jours, suivant le temps dont l'élève dispose, la partie du cours à apprendre et la série d'exercices à rédiger.*

La marche de l'enseignement est très facile à comprendre. L'élève apprend d'abord la partie du cours indiquée par son plan d'études, traite ensuite les devoirs correspondants et les retourne à l'École pour correction. Ces devoirs, revêtus de notes, critiques et solutions du professeur, parviennent à l'élève, qui s'en pénètre et passe ensuite utilement à la tâche suivante, fixée par le tableau de travail. Un service spécial suit les études de l'élève, le dirige et le conseille dans son travail.

LES RAISONS DE NOTRE SUCCÈS

Nous résumons succinctement les causes des brillants succès de l'École. Les personnes désireuses d'être complètement renseignées sur son fonctionnement n'auront qu'à demander le **Programme officiel qui leur sera adressé gratuitement par la Direction.**

1° L'École ne faisant aucun bénéfice sur son enseignement a pu établir des prix de préparation **qu'aucun établissement commercial** ne pourrait faire **à valeur égale d'enseignement.**

2° Étant la seule École de ce genre qui **soit subventionnée** en raison de la haute valeur de son enseignement, et **recevant chaque année de nouvelles subventions**, le prix de ses préparations va sans cesse en diminuant tandis que le nombre des cours augmente continuellement.

3° Son personnel, très sévèrement sélectionné, ne se compose que de professeurs, d'ingénieurs ou d'officiers ayant tous une certaine célébrité par les travaux qu'ils ont faits.

4° **Les professeurs enseignent par correspondance les cours qu'ils professent sur place. C'est la seule Ecole par correspondance qui jouisse de cet avantage.**

5° La moyenne des élèves reçus aux concours et examens a dépassé jusqu'ici [illegible].

6° Chacun peut s'instruire sans que personne ne le sache, **même en suivant des cours dans une autre École.**

7° Tous les élèves se préparant aux carrières industrielles ou non reçus aux examens **sont rapidement placés par les soins de l'Ecole.**

8° Grâce aux nombreux ouvrages de l'École (300 cours imprimés ou autographiés), réimprimés chaque année, les élèves ont non seulement les plus grandes facilités pour s'instruire, mais lorsqu'ils ont quitté l'École, ils peuvent encore suivre très rapidement les progrès réalisés chaque jour dans la Mécanique ou les Sciences.

9° Les diplômes de l'École sont très appréciés dans la Marine marchande et dans l'Industrie, à cause des capacités reconnues de nos élèves.

C'est d'ailleurs la seule École qui délivre pour toutes *les branches de l'Industrie* des diplômes à tous les Grades **(Contremaîtres, Conducteurs, Sous-Ingénieurs, Ingénieurs)**.

10° Les anciens Élèves sont groupés en Association, ce qui permet à tous les adhérents de la Société d'être prévenus immédiatement des divers avantages pouvant les intéresser. *(Demander les statuts).*

11° Une revue technique mensuelle « *Moteurs* », qui a justement et très rapidement acquis une place dans la littérature technique, traite de sujets originaux et fort intéressants. Un bulletin mensuel est de plus l'organe de la Société des Anciens Élèves qui le reçoivent **gratuitement.**

12° Les ouvrages de l'École du Génie Civil sont adoptés par de **nombreuses Ecoles Industrielles et Maritimes, (Ecoles Arts et Métiers, Instituts Electro-Techniques, Ecoles de Mécaniciens, etc.).**

Imprimerie de l'Ouest, La Rochelle

gramcontent.com/pod-product-compliance
ontent Group UK Ltd.
on Keynes, MK11 3LW, UK
7260726
KWH00002B/892